普天之下・盡是好書

普天出版家族
Popular Press Family

凌雲文創
A-Plus Creative Company

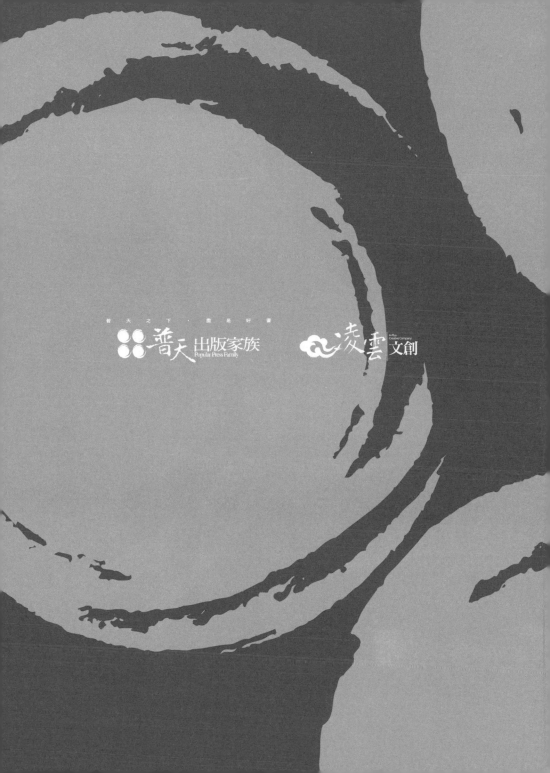

自信的人，通常比較幸運

You will be able to live better

跟困境說bye-bye的自信密碼

古印度詩人提魯瓦魯瓦奇在《古拉爾箴言》寫道：「花草的茂盛與否，取決於根植的深淺，相對的，人生的成就如何，也取決於信心的強弱。」

人生的道路是內心世界的延伸，無論遭遇多麼嚴酷的處境，都不要悲觀絕望，要相信自己、激勵自己。

自信會帶來意想不到的好運，許多原本你覺得難以達成的事情，往往就在你對自己充滿信心後，神奇地完成了……

連城紀彥 編著

• 出版序 •

自信的人，通常比較幸運

自信是一種神奇的征服力量，充滿自信的人往往會為自己帶來好運，扭轉眼前的困局，創造意想不到的奇蹟。

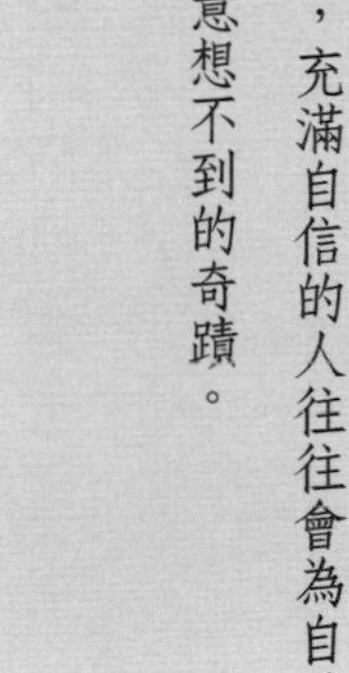

古印度詩人提魯瓦魯瓦奇在《古拉爾箴言》寫道：「花草的茂盛與否，取決於根植的深淺，相對的，人生的成就如何，也取決於信心的強弱。」

人生的道路是內心世界的延伸，無論遭遇多麼嚴酷的處境，都不要悲觀絕望，要相信自己、激勵自己。

自信會帶來意想不到的好運，許多原本你覺得難以達成的事情，往往就在對自己充滿信心後，神奇地完成了……

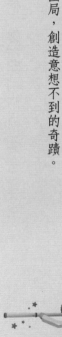

生命中，每個挫折磨難都是鍛鍊精神意志，增加本身能力的絕佳機會。

假如遇到困局、難題就選擇逃避，內心充斥著「辦不到」、「不可能」……等等負面想法，那麼，在負面心理作祟下，最後你自然辦不成那些事情。

人生難免會遭遇讓自己擔心、畏懼的事情，選擇逃避雖然很容易，但最終只會害你被現實環境淘汰出局。與其擔憂、退縮、患得患失，不如鼓勵自己提起勇氣面對，把眼前的困局當成讓自己蛻變的難得機會。

你覺得目前的境遇不如意嗎？你曾經絕望得想過要放棄嗎？

不要灰心得太早，世界上和你有著同樣遭遇的人還有很多；他們之中有不少人最後跳出自怨自艾的框框，轉而開創出自己的一片天空。

只要你肯積極改變自己，下一個成功的人就是你！

奧城良治是個剛出校門的年輕人，業務生涯剛起步，立刻面臨無止境的拒絕和挫折，人生幾乎從雲端跌入地獄。

他沒有太多社會經驗，還不懂得調適自己的心情，每天四處奔波勞碌，不但毫無收穫，還要周旋在各式各樣的「奧客」之間，忍受冷嘲熱諷和挑剔，這樣的地獄人生有什麼意思？

奧城良治意志消沉，只差沒走上自殺一途。

有一天，他感到尿急，便在鄉下的田埂邊撒尿，見到田邊有一隻青蛙，正好奇地對著他看。

「好啊！我已經這麼慘了，你還用這種眼神看我，我就讓你比我更慘，以消我心頭怨氣！」奧城良治對著無辜的青蛙喃喃自語地說著，隨後瞄準青蛙的頭，調皮地把尿往牠頭上撒。

原本以爲青蛙會落荒而逃，想不到牠不但沒有走，甚至連眼睛也不眨一下；青蛙的神情怡然自得，像在享受一次舒服的溫水淋浴。

突然之間，奧城良治腦中靈光乍現：「如果青蛙都可以把這樣的羞辱當作一次暢快的淋浴，樂在其中，那我爲什麼不能把客戶的拒絕當成一種享受呢？推銷員可以像青蛙一樣，無論遭遇多少次拒絕，面對再怎麼惡劣的態度，只要逆來順受、視若無睹，就不會覺得有任何的不快了。」

奧城良治在青蛙的啓示下，領悟了推銷的極致道理，發明一套「青蛙法則」。從此以後，他謹記著這個法則，在進入汽車公司後第十八天，他總共拜訪一千八百多位客戶，也終於簽下了第一份訂單。

此後，奧城良治平均每個月賣出八部車。經過一年的磨練，他的業績提升到十五部車；又過了五年之後，他的成績更呈倍數成長，每個月平均賣出三十部車。這樣的好成績連續維持了十六年，奧城良治成了全日本汽車界的銷售之王，他把成功完全歸功於自己發明的「青蛙法則」。

法國文豪羅曼羅蘭曾說：「在這個世界上，最渺小的人和最強大的人，其實擁有同樣的力量，兩者的差別只是在於相不相信自己。」

人的一生當中，難免會遇到各式各樣的困難和挫折，想要成功，就必須充滿信心，勇敢面對。

所有加諸在我們身上的痛苦磨練，其實都在培養我們面對困境時所需要的抗壓力。遇到痛苦和折磨，如果選擇轉身逃避，那麼這些痛苦折磨就會成爲你向下沉淪的拖陷力量，但是，只要願意面對，那麼這些痛苦和折磨就會成爲超越人生困境的主要動力。

美國心理學家愛彌爾．庫耶說：「只要你充滿自信，即使是高聳入雲的群山，你也能將它移走。相反的，一旦你自己退縮，即使是一小撮土堆，你也會把它看成萬仞高山。」

自信是一種神奇的征服力量，充滿自信的人往往會爲自己帶來好運，扭轉眼前的困局，創造意想不到的奇蹟。

自信創造出的奇蹟無所不在，活在這個景氣跌宕、災難不斷的時代，想要戰勝惡劣的大環境，你就必須時時期許自己、激勵自己。只要對自己充滿信心，你就會是自己的幸運之神！

出版序　自信的人，通常比較幸運

PART—1

有自信，成功就在你手中

成功不該等待別人的肯定，因為不論別人怎麼看待你，最後真正能讓你肯定自己的關鍵人物，還是你自己！

沒有人應該當個永遠的失敗者／20
用寬闊的胸襟迎接未來／24
有自信，成功就在你手中／29
無論如何都不能放棄到手的機會／33
希望需要積極行動來支持／37
在有限的機會中充分表現自己／42
設法將壓力轉化為助力／46
用微笑解決生活中每一道難題／51

PART—2

接受困境，才能遠離困境

無論生活中遇到什麼樣的大小麻煩，只要能積極面對，很快的，將會發現所有難題迅速解決、消失。

接受困境，才能遠離困境／58
正視挫敗，才有風光的未來／62
勇敢為自己的權利把關／66
不放棄希望，就擁有改變的力量／71
從現在開始實踐夢想／76
增強你的信念，奇蹟就會出現／81
錯誤就是成功的開始／85

PART—3

不服輸，才能扭轉劣勢

既然不幸，就要面對不幸，並相信自己可以改變這些不幸！只有不服輸的人，最後才能扭轉劣勢。

抬頭看看你的天空有多寬廣／90
不服輸，才能扭轉劣勢／94
從「C」到「E」的成功技巧／99
用智慧度過每一個難關／103
機會只給勇於爭取的人／107
冷靜思考，輕鬆解題／111
堅持到底，自然能抵達目的地／115

PART—4

現在就是你開始的最好時機

只要繼續努力，夢想希望一定可以實現。人生任何時候都是最好的開始，年齡絕不是退縮的藉口，更不是勇氣降低的理由。

在人生的道路上，沒有人不帶傷／120
逐步累積，必能抵達目的地／124
有好的態度才會得到好的機會／129
現在就是你開始的最好時機／134
把心中的希望傳送給每一個人／139
「人和」是經營團隊的第一要件／143
有真心就會遇見真朋友／147
每個意外都是最好的安排／152

PART—5

面對問題，才能早日解決問題

越拖越久，不過是讓自己的痛苦加長罷了，不如現在鼓起勇氣，積極面對問題。早一日面對問題，就能早一日解決困境。

生活不會只有一個標準答案／158
面對問題，才能早日解決問題／162
每個生命都有獨特的影響力／167
尋找不同的切入角度／172
不要讓環境限制自己的人生／176
不要再輕易錯失良機／180
態度，決定你幸不幸福／183
先做好準備，才能放心面對／186

PART—6

用微笑面對別人的嘲笑

面對別人的嘲笑，輕鬆地自我解嘲比惱羞成怒更能展現我們的包容力和成熟度。

用微笑面對別人的嘲笑／192
實務經驗比學歷高低更重要／196
改變思路，才有更好的出路／200
別人的意見不要照單全收／204
接受批評才能精益求精／208
不要犯了以偏概全的錯誤／213
勇敢面對人生的六字箴言／217
把中心點讓給對方站立／220

PART—7

挫折只不過是生命的轉折

只要我們能用「樂觀」熨平失意傷痛，願意用「積極」讓身上的傷疤癒合，失敗與跌倒我們都不足為懼。

挫折只不過是生命的轉折／226
只有殘缺的心，沒有殘缺的人／230
「刺激你」是為了讓你活得更好／236
勇敢面對，就一定有成功的機會／242
全心投入，自然能收穫成功的果實／246
只要邁步向前，夢想就不再遙遠／250
用輕鬆態度輕鬆工作／254
只要不放棄，就會有奇蹟／258

PART—8

咬緊牙關 才能衝破難關

面對困難的時候，如果你能緊咬著牙關前進一步，在眾人都放棄時再多堅持一秒，那麼最後的勝利，也就非你莫屬了。

別讓焦慮影響自己的實力／264
別忽略了你看不到的潛能／268
做自己生命舞台的英雄／272
咬緊牙關才能衝破難關／275
想達到巔峰，就別怕任何磨練／278
不斷創新，生活就會充滿活力／282
轉化心情做自己的主人／286
寶藏其實就在你身上／289

PART—9

把別人的噓聲，當成鼓勵的掌聲

不管別人是用什麼的角度批評你，你都要秉持自己的信念勇往直前，讓每一個不客氣的批評成為你更加成功的原動力。

幸運之神只會眷顧有勇氣的人／294
找到方向，就能完成夢想／298
你是沒有機會，還是沒有準備？／302
用你的自信把潛能激發出來／305
設法從自卑走向自信／308
凡事只要用心就一定會成功／312
把別人的噓聲，當成鼓勵的掌聲／316
改掉投機取巧的壞習慣／321

PART—10

找出屬於自己的成功捷徑

你應該確認自己的能力是否已充分地發揮，如果你能清楚地設定自己的方向，以及將要實現的目標，那麼你才能找到屬於自己的成功捷徑。

先相信自己，你才能超越自己／326
把別人的刺激當作前進的動力／330
從一開始就要下定決心／333
多聽聽自己的批評聲音／337
設定自己的成功標準／340
找出屬於自己的成功捷徑／344
給自己一個肯定的掌聲／347

PART 1

有自信，成功就在你手中

成功不該等待別人的肯定，
因為不論別人怎麼看待你，
最後真正能讓你肯定自己的關鍵人物，
還是你自己！

沒有人應該當個永遠的失敗者

困難是生活的一部份，只要我們能用平常心面對，每一個困難都將是豐富我們人生的重要伙伴。

成功與失敗其實只在一念之間。有人會將挫折視爲累積成功的第一步，因此無論遇到多少挫敗與困難，從來都不覺得自己是個失敗者。

所以，你不應當認爲自己是個失敗者，也沒有人能認定你永遠是個失敗者。

成功與失敗的結果全掌握在你手中，只要把腳步站穩，勇敢前進，再強勁的風雨你都能走過。

阿根廷足球明星馬拉度納從小便喜愛足球。每天一賣完擔在肩上的小鐵桶後，他便會趕到巷子裡和自組的小足球隊成員們練習踢球。

在無比的興趣與熱情支持下，馬拉度納幾乎是風雨無阻。非常努力練球的他，球藝進展得比任何人都快，因此十五歲時便被阿根廷球隊相中，力邀他成為阿根廷足球青年隊的一員。

這天，蒙特斯教練告訴球員們：「再過幾天，你們將迎戰塔賽雷斯隊，請務必全力以赴。」

馬拉度納一聽見即將迎戰的是素有雄獅之稱的塔賽雷斯隊，雙眸立即現出光芒，緊握著雙拳對自己說：「好，我一定會全力以赴，為自己贏得一份價值非凡的十六歲生日禮物。」

比賽的日子到了，蒙特斯教練將一套印有十六號字樣的運動衣交給馬拉度納。看著「十六」這個數字，馬拉度納情緒有些激動：「是巧合嗎？還是教練故意安排的呢？」

因為十六歲生日在即，這個巧合讓馬拉度納更加重視這場重要球賽，而且有著非贏不可的決心。

但或許是期望過高以致於壓力過大，馬拉度納踢得並不理想。雖然他一心想破門立功，可是反而一球未進。最後在隊友卡希雷拉力助下，好不容易阿根廷隊踢進了一球，最終以一比零獲勝。

面對如此糟糕的表現，馬拉度納心情非常鬱悶。生日這天一回到家，父親看見他滿臉愁容，便安慰他說：「孩子，你已經是個大人了，別再要小孩子脾氣了，記得記取今天的教訓，以後好好地踢球啊！」

聰明的馬拉度納聽見父親的教訓後，揚起了頭，認真地對父親說：「是的，父親您說的沒錯，我還有許多事情要學，尤其是射門的準確性！」

沒有忘記兒子生日的父親，撫摸著兒子的頭說：「這就對了，這個教訓是你十六歲生日的最佳禮物！」

我們不時會遇到不順心的事，即使企圖心強、信心十足，也不見得事事成功。

只要明白這一點，我們便能像馬拉度納一樣，知道從錯誤中修正腳步，積極地邁向成功之路。

生活中所有的遭遇都很平常，即使是困難與挫折也都是日常生活的一部份，它們是隨時陪伴身邊的朋友，隨時都提供我們面對生活的方法，更經常引導我們修正人生的方向。

只要我們能用平常心面對，每一個困難都將是豐富我們人生的重要伙伴。

球賽不會只有一場，我們遇見失敗的機會也不會只有一次。所以，馬拉度納的父親也提醒了我們：「吸取教訓是人生中最重要的事。不要用愁容面對挫敗，因為每一個失敗都有因果，如果你決心追求成功，便應該知道如何用笑容面對失敗找出原因，等待下一次反敗為勝的機會。」

用寬闊的胸襟迎接未來

每個人都會有過往的身世，但是人生第一重要的是現在，過去，出身好壞不能代表未來成就高低。

英國諷刺作家斯威夫特曾說：「譏笑是一面鏡子，誰都能從其中照見自己真實的一面。」

因此，當有人語嘲諷我們、譏笑我們、瞧不起我們的時候，非但不能痛恨對方，反而必須抱著感恩的心情來謝謝這些人。因爲，如果不是他們的輕蔑、嘲笑，我們又如何激發鬥志，勉勵自己奮發向上呢？

來到巴黎之後，大仲馬爲了維持生計，經常爲法蘭西劇院謄寫劇本，藉此賺取微薄的稿費。

原本就著迷於戲劇的大仲馬，這會兒更加有機會閱讀到精采的劇本，慢慢地也培養出寫作的熱情。特別是讀到自己喜歡的劇本時，腦海立即湧現各種劇情畫面，這時他總是忍不住停止謄寫，另外拿出一張白紙振筆疾書，寫下他心中的精采劇作。

這天，大仲馬帶著劇本走進悲劇演員塔瑪的化妝室：「塔瑪，我很想成爲一個劇作家，您能不能用手碰碰我的頭，給我一點勇氣和運氣？」

塔瑪微笑地舉起了手，說道：「好，我以莎士比亞和席勒之名，在此爲你這個詩人洗禮！」

大仲馬低下了頭，接著鄭重地說道：「請放心，我一定做得到！」

許下諾言之後，大仲馬花了三年的時間寫出大量的劇本，但是卻沒有被任何一間劇院接受。

直到一九二八年的某一個傍晚，法蘭西劇院送來了一張便條給他：「大仲馬先生，您的劇作《亨利三世》，今晚將在本劇院演出。」

收到這個天大的好消息，大仲馬開心得不得了，立即飛奔至劇院。看見座無虛席的場面，大仲馬的情緒有些激動，雖然他無法靠近舞台就近欣賞自己的作品，但是看見大家如此熱烈的反應，一切已經足夠了。

忽然，舞台上傳來一個聲音：「請亞歷山大．大仲馬先生上台！」

大仲馬站了起來，因爲用紙板作成的硬衣領，讓他不得不高高地抬起頭向前走，身邊的掌聲登時如雷響起。

第二天的報紙上寫著：「大仲馬的頭昂得那樣高，但蓬亂的頭髮彷彿要碰到星星似的。」

《亨利三世》演出成功讓大仲馬一舉成名，接下來，另一部《安東尼》也開創了全新的成功紀錄，而他也在短短兩年時間裡，迅速成爲巴黎時尚界最紅的青年劇作家。

但是，對於巴黎貴族圈來說，大仲馬的出身根本配不上他的名聲，人們對於他的背景充滿了輕蔑，有人嘲諷他的黑奴姓氏，甚至連巴爾札克這樣的大作家也曾傲慢地當面嘲笑他：「在我才華用盡時，我就會去寫劇本。」

大仲馬立即冷冷地回應：「是嗎？那你現在就可以開始了！」

沒想到，巴爾札克沒有激怒大仲馬，自己卻反而因爲這句話惱羞成怒：「你說什麼？好啊，在我寫劇本之前，請你先談談你的祖先吧！我想，那一定是個很好的題材。」

大仲馬看見巴爾札克這樣不禮貌，忍不住火冒三丈地說：「這樣嗎？你聽好了，我父親是克里奧爾人，我最敬愛的祖父是個黑人，我的曾祖父據說是個猴子，而我的家鄉正是在你搬走的地方發源起來的。」

昨天和今天最大的不同處是在於，昨日時光已經消逝，無人能追回，唯獨此刻正值日正當中，只要我們能讓今天精采充實，燦亮陽光便能延續至夕陽餘暉，再至月盈星耀，進而迎接下嶄新的一天。

這是我們對生命應有的態度，每個人都會有過往的身世，但是，人生第一重要的是現在，過去或出身好壞不能代表未來成就的高低。所以，有些情緒的大仲馬對巴爾札克說出一個重點：「出身有何重要？無論昨天我踩過多少泥濘，我已到達了目的地，不管過去或身世如何，我和你如今都已經站在同一個原點上。」

每個生命皆有各自的價值，沒有人理所當然地繼承前人的庇蔭，更沒有人應該繼續前路的崎嶇，這個態度不是要抹滅過去的經歷，而是希望每個人都能用寬闊的胸襟迎接未來。

爲了有更好的明天，我們學習把握今天；爲了不受昨天牽絆，我們學會善用今天。只要我們像大仲馬一樣，努力地往前邁進，過去的失落與眼前的挫折終將成爲迎向明天的一股新力量。天明時分，我們也會像大仲馬一樣迎接人生的驚喜。

有自信，成功就在你手中

成功不該等待別人的肯定，因為不論別人怎麼看待你，最後真正能讓你肯定自己的關鍵人物，還是你自己！

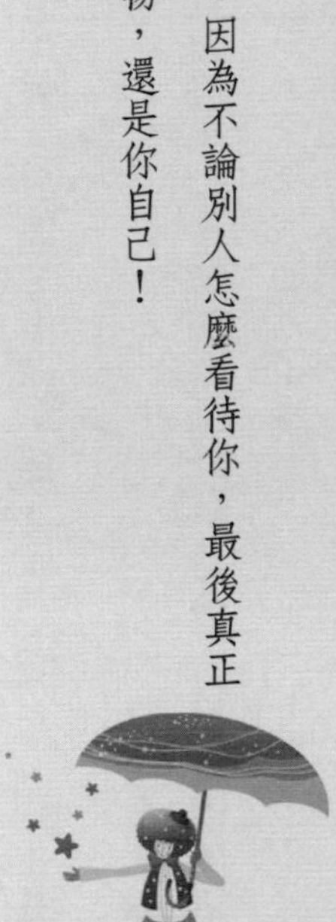

仔細想想每一次失敗的原因，果眞是因爲你的方法不佳嗎？還是你對自己的信心不夠呢？

當你努力地充實了自己的能力，仔細地找到了成功的方法之後，你心中眞正期待的，會是來自別人的肯定歡呼，還是源自於你心底，那個充滿自信的希望號角響起？

這天，剛滿十二歲的戴爾與家人們在墨西哥海灣釣魚。此刻正值傍晚，父親和其他兄弟們迅速地準備好釣具開始釣魚，唯獨小戴爾仍然坐在沙灘上，使勁地擺弄他的釣具。

不久，哥哥還看見他將好幾個釣鉤全掛到釣竿上，忍不住大笑，對他說：「戴爾，你別再胡搞瞎搞了，太陽都快下山了，你快把釣竿拿過來，和我們一塊釣魚吧！」

戴爾的爸爸這時也說：「是啊！孩子，別浪費時間了。」

只見戴爾抬起了小臉，沒有出聲，只搖了搖頭，接著便又低下了頭，繼續重建他的釣竿。

眼看太陽就快下山了，媽媽也發出到了晚飯時間的叮嚀聲，這時戴爾迅速將他的釣竿遠遠地拋了出去，並將竿子深深地插入了沙土中。

「你肯定要空手而回了！」哥哥說。

戴爾不以爲然地回答說：「別急著下定論，等吃完晚飯後就知道了。」

晚飯結束後，戴爾不慌不忙地回到了岸邊，夜幕雖然已經拉下，所幸尚有月光相陪。

家人們陪著他回到了岸邊，當小戴爾拉起了釣竿時，大家忍不住驚呼著：「簡直太神奇了！」

月光照耀下，釣竿上的魚鱗閃耀著無限光芒，這讓小戴爾忍不住驕傲地揚起了頭，母親笑著撫了撫小戴爾的臉龐說：「孩子，你好棒啊！」

他們數了釣竿上的魚獲，竟然比一家人釣獲的數量還多呢！從此，戴爾最常說的一句話是：「只要你認爲這個辦法不錯，不妨試試！」

也因爲這樣的自信與執著，戴爾不論從事什麼事業，總是能一鳴驚人，而這當然是讓他成爲電腦業鉅子的主因。

不論別人怎麼嘲笑，眞正能左右我們未來方向的人，始終是我們自己。只要對自己有信心，最終我們一定能達到心中預期的結果。

勇敢表現自己的小戴爾知道，機會就在他的手中，即使別人不以爲然，極力地否定，他仍然堅持：「我有信心，這個辦法一定成功！」

正因爲心中充滿了自信與念力，小戴爾實現了心中的夢想。更因爲這一次的成功體驗，讓他的未來時時充滿了自信，即使遇見困難，都能堅持一定可以成功的信念。

一再地受限於別人否定聲音裡的你，是否已經明白故事的寓意了呢？

「成功不該等待別人的肯定，因為不論別人怎麼看待你，最後真正能讓你肯定自己的關鍵人物，還是你自己！」

這是年僅十二歲的小戴爾從釣魚的過程中省悟出的生活智慧，卻也是你我應當仔細體會的人生哲思。

無論如何都不能放棄到手的機會

只要你有突破困難的勇氣與決心，即使手中的成功機會即將失落，你仍能奮力把握，永不忘棄！

機會那樣難得，那樣珍貴，我們怎麼能讓它輕易地從自己的手中溜走？別再問機會怎麼那麼難得，也別再問人生爲什麼困難重重，好機會得來不易，我們要更懂得珍惜、把握。

小澤征爾是聞名國際的日本指揮家，他之所以有崇高的地位是在貝納頌音樂

節的國際指揮比賽中得來的。在這之前，即使在日本國內，他也只是個名不見經傳的人物。

小澤先生之所以決心參加貝納頌音樂比賽，是受到音樂同好朋友的鼓勵。自從決定參賽之後，小澤先生便以拿到冠軍爲目標，帶著必勝的信心風塵僕僕來到歐洲。

只是一到當地，立即有難關來攔阻他。抵達歐洲辦理參加音樂比賽的手續時，忽然發現證件竟然沒有帶齊，即使有參加通知單，委員會仍然不予受理。

「好不容易來到這裡，我一定要參加比賽！」

決心參賽的小澤征爾積極地爭取，他先來到日本大使館請求協助，然而館方人員卻表示他們無能爲力。

面對這個突如其來的大麻煩，小澤先生並沒有退縮，忽然想到朋友說過的一件事：「美國大使館不是有個音樂部門嗎？只要喜歡音樂的人都可以加入！」

於是，他立刻趕到美國大使館。

他首先便遇見了負責人卡莎夫人，曾在紐約的樂團擔任小提琴手的卡莎夫人聽完了小澤先生的難處，卻也面有難色地表示：「雖然我也是音樂家出身，但是，美國大使館不能越權干涉音樂節的事。」

但小澤先生仍然苦苦哀求，卡莎夫人思考一會兒後又問：「你是個優秀的音樂家嗎？或者是個不怎樣的音樂家？」

小澤征爾十分自信地回答：「我當然認爲自己是個優秀的音樂家！」

如此充滿自信的回應，讓卡莎夫人立即放下了手邊的工作，聯絡貝納頌國際音樂節的委員們，請求他們讓小澤征爾參加比賽。他們商量了一會兒後回應：「兩周後我們會做出決定，然後再通知你們。」

兩個星期後，小澤先生收到了美國大使館的回覆，他獲准參加音樂比賽了。

從預賽到決賽，小澤征爾每一次出場時心中都有一個聲音：「我差一點就被逐出比賽了，就算現在不入選也無所謂，但爲了不讓自己後悔，我一定要全力以赴！」

小澤先生在輕鬆以對中，反而更能盡全力表現，最終他沒有辜負自己的期望，拿下了指揮冠軍。

直到最後一秒，小澤征爾都不願放棄。

他努力地奔走在日本大使館與美國大使館之間，爲了爭取參加機會，用盡全力堅持到底。

這是國際指揮家小澤征爾面對困難的方法，也給了正陷在麻煩之中的人們一個方向：「只要你有突破困難的勇氣與決心，即使手中的成功機會即將失落，你仍能奮力把握，永不忘棄！」

如果自己都沒有積極作爲，不主動爲自己找到求生的出路，我們又有何資格等待別人的支援？

無論困境多惱人，都不能放棄。每個人都有自救的本能，只要能多一點意志力和耐力，多一點信心和決心，我們定能克服眼前的這些逆境，一如小澤征爾先生一般，無論命運的風浪搖擺得多麼厲害，始終都能堅毅地將成功握在手心。

希望需要積極行動來支持

不管是遇見瓶頸，還是遭遇阻礙，只要我們能繼續前進，一定能讓心中希望的目標達成。

沒有積極行動，夢想當然無法實現；缺乏行動力的支持，不管你懷抱著多麼大的希望，最終一切還是要落空。

所以，與其將希望放在腦海中想像，不如先行動了再說，只要能積極地將步伐跨出去，不管這個步伐有多小，你的夢想終會有實現的一天。

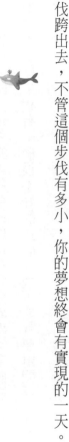

有一位四十幾歲的銷售部經理正在向激勵專家拿破崙．希爾訴苦：「我好害怕失去工作，我有一個很不好的預感，我可能就要離開這家公司了，怎麼辦？怎麼辦？」

希爾細心地聆聽，並且引導他說出理由：「爲什麼？」

經理仔細地訴說著：「因爲最新的銷售成績已經出來，這個統計數字對我很不利，今年我這個部門的銷售業績比去年低了百分之七，然而全公司的銷售則額增加了百分之六十五。昨天我被商品部的經理責備了一頓，他說我老了，一點也跟不上公司的進度。」

說到這裡，經理忍不住嘆了口氣：「唉，我從未有這樣的感覺，我似乎眞的失去了掌控的能力，連我的助理也有這種感覺，許多同事也覺察到我的情況，我眞的在走下坡路了。我好像快被淹死了，旁邊還站著許多旁觀者，等著看我滅頂……」

「你想認輸了嗎？」希爾問。

經理聽見激勵大師這麼問他，一時竟呆住了，因爲以目前情況來看，他似乎已經輸了！經理再次地嘆了口氣說：「唉，我無能爲力了，我眞的很害怕，但是，我又希望會有轉機……」

希爾立即插話反問：「你只是希望而已嗎？」

希爾停了一下，沒等經理回答，又接著問：「爲什麼你不肯採取行動來支持你的希望呢？」

經理眼神忽然亮了起來，希爾引導他：「今天下午你就要想出辦法，將銷售數字提高。你一定知道營業額下降的原因，只要能把原因抓出來，你便能讓『希望』實現。現在，你有兩條路可以走，第一，你可以從現有的貨物中變化，也可以讓你的推銷員表現得更加積極、熱情。雖然我無法準確地指出提高營業額的方法，但是我知道你一定有方法。總之，你要讓身邊的人知道，你還活得好好的，絕對不是一個快要淹死的人。」

經理聽完希爾的心戰喊話，眼神中再度充滿了勇氣，點了點頭後又追問：「第二條路是什麼？」

「第二條路，就是從現在開始，你不妨留意一下有沒有更好的工作機會，萬一在你積極改進之後，還是保不住目前的工作，至少你知道還有另一個方向可走，不致於在第一條路上鑽牛角尖，你說是不是呢？」希爾再一次地清楚指引出方向。

過了幾個月，這位經理在電話另一頭激動地說：「希爾，我眞的成功了，我發現原來問題是在推銷員身上。以前我們是一個星期開一次會，現在則是天天開會，推銷員們現在個個都充滿了幹勁，他們似乎很明白我改革的決心，所以比從前更願意付出努力。還有，當我同時進行第二條路時，竟然一下子就得到了兩份工作機會呢！雖然我全部婉拒了，但是那卻讓我的信心加倍，我實在太感謝你了。」

希爾笑著說：「不必感謝我，因爲眞正幫助你找回信心與成功的人，不是我，而是你自己。」

心中的希望一點都不難實現，所以拿破崙．希爾一再勉勵世人：「請採取積極行動來支持你的希望。」

不管是遇見瓶頸，還是遭遇阻礙，只要我們能繼續前進，一定能讓心中希望的目標達成。無論阻礙多大，我們始終得靠自己找到出口，希爾推辭感謝並不是自謙之詞，而是要我們明白一件事實：「人們的提醒與叮嚀多數只具安慰作用，並不具備實質的解決功效。無論我們遇見什麼樣的難題，最後能解決它的人，始終是我們自己。」

聽完激勵大師的開導，不知道你是否已豁然開朗？

人生原本就充滿大小問題，聰明的人會利用這些問題來豐富生活，因爲他們知道，生命最有趣的部份不在成功之後，而是在成功之前。因爲在這之前，那一段難得的風雨體驗和辛苦走過的重重驚險，確實令人回味。

在有限的機會中充分表現自己

只知一味地埋怨、放棄的人，多數缺乏耐性，更不懂得把握住表現自己的機會。

法國文豪巴爾札克曾經在著作中告訴我們：「所謂的強者，就是那些意志堅定，而又能耐心等待時機的人。」

機會看似無窮，實則有限。

我們的生命是短暫的，別輕易地放棄表現的良機，只要我們確實盡了全力，在每一次表現的機會中充分展現實力，那麼不管多難得的機遇，我們都不會錯過。

一九八八年的歐洲杯足球賽上，荷蘭隊的巴斯西在這裡一舉成名，雖然他一度連上場的機會都沒有。

在人才濟濟的荷蘭隊中，巴斯西的表現並不突出，因此教練團決定讓巴斯西等待後補。

尷尬地坐在板凳區的巴斯西，對於教練團這個安排十分不滿，卻也不得不服從。只是，好不容易來到了球場上，竟然連上場的機會都沒有，這點讓巴斯西非常難過，甚至還一度想走出球場，一個人獨自搭機回國。

或許是老天垂憐他，就在第三場開始不久，荷蘭隊與英格蘭隊在場上熱烈廝殺之際，主力前鋒受傷了，讓巴斯西終於有機會上場了。

緊緊抓住上場的機會，巴斯西充分地配合主帥的要求。當然，每當足球位在他的腳下時，他更沒有忘記要把握住進攻的機會。

這個時候，場上響起了如雷的掌聲。這些聲音正是要送給巴斯西的，因爲他一上場便拿下了關鍵性的第一分，接下來他更有如神助般連中三元。如此精采的表現，當然爲他贏得了「主力前鋒」的位置。隨後在對德國的比賽中，也是由他踢進了勝利的一球，自此巴斯西不僅站穩了荷蘭隊的前鋒位置，更被人們尊爲足球先生。

拿下了金靴獎之後，巴斯西獲得米蘭隊的高薪合約。在米蘭隊中，他與另兩位伙伴培養出十足的默契，這也讓他的足球生涯再攀巔峰。

後來，有人問巴斯西：「請問您的成功秘訣是什麼？」

巴斯西謙虛地回答：「秘訣？我沒有什麼秘訣！我只是在機運到手時，會緊緊地把握住表現機會而已！」

「別想太多，機會一到手就要好好把握！」這是巴斯西的成功法則，更是經常訴苦自己沒有機會的人應當好好學習的態度。

我們不難發現，那些抱怨很多的人經常說：「我哪有機會啊？我一直都找不到我想要的機會。」

聽見這樣的埋怨，我們不免要問：「是你不清楚自己要什麼，還是人們把機會送到你面前時，卻因爲你的設限太多而自己放棄了呢？」

試想，如果巴斯西當初一氣之下便上了飛機，那麼就算老天爺給他再多的機會，他恐怕連一次也抓不牢。

只知一味地埋怨、放棄的人，多數缺乏耐性，更不懂得把握住表現自己的機會。所以，即使機會送到面前，他們仍然會臭著臉搖頭拒絕。

你表現自我的企圖心有多少，你的機會就有多少。

只要你肯耐心地等待，屬於你的機會便隨時都會出現，就像巴斯西說的：「成功確實沒有秘訣，只要你能耐心等待，一旦機會到手就盡全力地表現自己，那麼成功便是你的了。」

設法將壓力轉化為助力

有時候，有計劃的冒險，可以讓壓力轉化為助力，幫助自己完成目標，並進一步提升自己的能力，實踐自己的夢想。

女作家丁玲曾說過：「人，只要有一種信念，有所追求，什麼痛苦都能忍受，什麼環境也都能適應。」

自我設限，是絆住成功最大的石頭。

許多人認定了事情不可能成功，就不願意去嘗試，可是不去嘗試，怎麼知道自己做不到呢？適度的壓力能激發潛能，並且轉換成助力，激勵自己尋求解決的方式。

傑西先生那年二十七歲，是個朝九晚五的平凡上班族，和妻子住在一間小小的出租公寓裡面。

隨著孩子的出生，他們很希望能擁有自己的房子，讓成長中的孩子有更大的活動空間，和良好的學習環境，不再當無殼蝸牛。

可是，傑西的收入並不多，只能勉強負擔每個月的房租和生活開銷。有一天，當他又要開出下一個月房租的支票時，突然跳了起來，並大聲對妻子說：「我們每個月付房租的錢，都可以拿來分期貸款買房子了，既然如此，爲什麼不乾脆買下自己的房子呢？」

妻子笑了笑，溫柔的對傑西說：「你說的沒錯，但是買房子的頭期款是一筆不小的數目，現在我們負擔不起啊！」

傑西沉默了一會兒，再度抬起頭時，眼中帶著堅定神色。

他告訴妻子：「有許多的夫妻都跟我們一樣，想買一間自己的房子，但有半數以上都沒辦法如願以償，問題就在頭期款。雖然現在我還不知道該如何去湊出那筆錢來，但是我相信，一定會找出辦法來的。」

幾天過後，傑西夫婦找到了一間令他們滿意的房子，既寬敞又舒適，但是頭期款要一千兩百美元。傑西知道自己無法從銀行貸到這筆錢，於是腦筋一轉，找上了包商，希望能私下貸款。

剛開始包商態度冷漠，怎麼樣都不肯接受，後來看到傑西不肯放棄的決心，終於妥協，同意讓他用每個月償還一百美元、利息另計的方式，來付一千兩百美元的頭期款。

解決了包商方面的問題之後，傑西接著要面對的問題是，每個月無論如何都得湊出一百美元來。夫婦倆想盡辦法，只能湊出二十五美元，另外的七十五美元該怎麼解決呢？

經過了一夜的思考，隔天上班時，傑西告訴了老闆自己將買新房子的消息，並解釋目前的狀況。

傑西說：「爲了買新房子，我每個月必須多賺七十五美元才行。公司的一些案子，若能在週末處理，一定能提升公司的營運效率，不知道您能否同意我在週末加班呢？」

老闆聽了，一方面很高興傑西將擁有自己的房子，一方面也爲了他的努力而感動，就答應讓他在每個週末加班十小時，且更肯定了他的能力，將許多重要的工作交付給他。

傑西夫婦也終於快樂地搬進了他們的新家。

每一個人都爲了追求更好的生活而努力著，擁有自己的房子，則是許多家庭的夢想。然而，在相同條件下，多年過後，有些人還是靠租屋過生活，有些人則達成置產的願望。

會有這種截然不同的結果，兩者的差別在哪裡呢？

關鍵的因素就是動力！

人們常被世俗的習慣侷限，讓「事情本該如此」的想法綁住，一旦被別人對自己的評價決定了自我的價值，到最後便會只知安於現狀，不求突破。

如果傑西認定了房屋的頭期款不是自己有辦法負擔的，繼續過著租屋的生活，那他想擁有自己房子的願望，就變成了遙不可及的夢想。

反過來，只要跨出了第一步，就會有第二步、第三步。他會去動腦，思考有什麼方式可以解決問題。

有時候，有計劃的冒險，可以讓壓力轉化為助力，幫助自己達成原本可能難以完成的目標，並進一步提升自己的能力，實踐自己的夢想。

用微笑解決生活中每一道難題

生活不該老是要求別人，因為我們最難控制的是自己。情緒的主控權其實一直都在我們的手上。

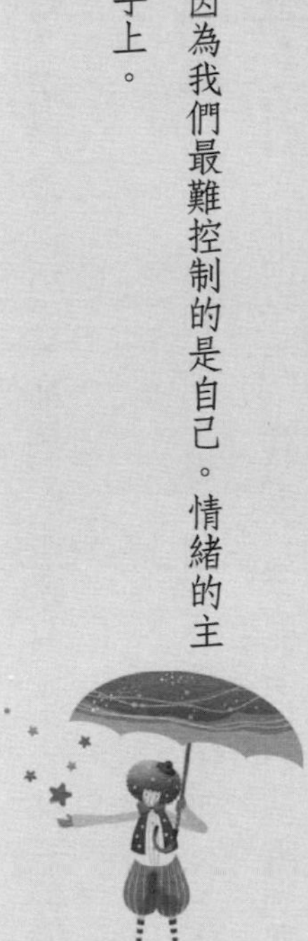

作家西里曾經寫道：「同樣一件事情，用不同的心情去面對，最後所得出來的結果，通常會大相逕庭。」

確實，心情是決定事情成功與否的重要關鍵，心境一旦改變，事情就會朝不一樣的面向發展。

別再繃著臉面對問題了！靜靜地思考一下，生活中，多一點情緒，我們便少了一點快樂的時光，少點情緒發作，我們歡笑的時間便多了一些。

還是多用微笑解決自己遇到的問題吧！畢竟繃著臉辛苦過日的人，始終品嚐不到生活的甜美滋味！

今天是貝琪與老公馬克蜜月旅行的第三天，他們一直到深夜時分才回到預訂的旅館。

因爲找不到泊車的服務人員，馬克只好請櫃台人員幫忙：「麻煩您將車子停放至停車場，並且將我們的行李拿到房間裡，謝謝。」

櫃台人員點頭答應後，馬克和貝琪便回房休息去了。

「咦？都過了一個鐘頭，行李怎麼還沒送來？他們的服務眞差！」等著替換衣物的貝琪忍不住抱怨著。

馬克也滿臉不悅，立即下樓到櫃台查詢，沒想到，這一問更令他火大了：「什麼，你說剛剛在櫃台的人不是服務人員？那他是誰？我的行李呢？你們又跑到哪兒去了？爲什麼讓陌生人爲我們服務呢？」

一聽見行李被騙走了，一想到信用卡、護照和已經簽名的旅行支票和整整兩週的蜜月旅行計劃恐怕要泡湯了，馬克的情緒立即飆高：「不行，你們立刻找回我的行李！」

「到底發生了什麼事呢？」貝琪看見老公久久沒有回房，忍不住好奇，於是下樓察看。

聽完老公的敘述，貝琪的情緒也變差了，繃著臉看了看老公和服務生，口氣極差地說：「怎麼辦？我好不容易安排這麼多天的假期，如果我們剛剛再多等一會兒就好了！」

「什麼？誰叫妳一直喊累呢！」馬克責怪著貝琪。

貝琪聽見馬克把問題歸咎於她，十分不悅地說：「我說自己拿行李就好了，你偏偏要叫服務員拿上來，哼！」

一段爭執之後，兩個人繃著臉全把頭別了過去。這時，櫃台後的服務人員尷尬地說：「對不起，是我們不對！一切損失我們會負起責任，你們不妨先回房休息一下，等我和主管討論完畢後再通知你們。」

聽見服務人員把責任一肩擔起，馬克這時才回過神，認眞地想：「事情總要解決，生悶氣也沒有用啊！發生這種事情，誰也不願意吧！」

事情想通了，馬克忍不住看了老婆一眼，也想到剛剛將行李失竊和老婆連在一塊兒的情況，忍不住向貝琪說：「老婆，對不起。」

聽見馬克的道歉聲，貝琪溫柔地回望了馬克一眼，接著上前擁抱著老公說：「算了，事情都已經發生了，我們先把問題解決，讓損失減到最小，然後再想法子玩囉！」

馬克點了點頭，笑著說：「好！」

用情緒面對問題是多數人的習慣，然而它也是讓問題越變越麻煩的主因，如果故事中的主角馬克和貝琪一直在氣頭上，始終只會用情緒來解決，最後的結局恐怕無法這麼圓滿快樂。

生活不該老是要求別人，因爲我們最難控制的是自己。情緒的主控權其實一直都在我們的手上，要怎麼恢復和樂氣氛，又要如何讓問題輕鬆解決，只需要我們的一個轉念，想到：「事情都已經發生了，不如用輕鬆一點的情緒來面對吧！事情終究要解決，不如用冷靜的情緒來處理吧！」

生活本來就會有許多突發事件，這都是磨練與豐富生活的絕妙經歷。別老是怪罪老天爺在惡意整人，換個角度想想，那其實是訓練我們操控情緒的最佳機會，更是學會掌握自己的最好方法，不是嗎？

PART 2

接受困境，才能遠離困境

無論生活中遇到什麼樣的大小麻煩，
只要能積極面對，很快的，
將會發現所有難題迅速解決、消失。

接受困境，才能遠離困境

無論生活中遇到什麼樣的大小麻煩，只要能積極面對，很快的，將會發現所有難題迅速解決、消失。

遭遇命運嘲笑，相信自己的能力最重要，不要動輒咆哮。

走在人生道路上，能否有所成就，關鍵就在於如何看待命運的打擊和嘲笑。許多偉人的成功故事不就告訴我們，用正面的態度面對命運的嘲弄，潛能才會徹底激發，才能讓自己登上命運的巔峰？

請直視困境，讓它看見你眼神中的堅定決心，如此一來，它很快便會畏懼你的勇氣，夾著尾巴逃開。

只要你能直視生活中所有意外和難題，這股勇氣自然會伴著著你走出困境，也牽引著你避開生活中的各個險惡處。

說到史蒂芬·霍金，熟悉他的人應該不會忘記這位科學大師那深邃的目光和寧靜的笑容吧！

不過，世人推崇他的原因，不僅僅因爲他是個智者，更因爲他是個充滿勇氣與活力的生命鬥士。

有一次，在一場學術會議之後，有位年輕的女記者躍上講壇，激動地問大師：「霍金先生，你身上的病痛讓你得永遠固定在這張輪椅上，你會不會覺得上天對你太殘忍了呢？」

女記者忽然提出這樣尖銳的問題，讓台下的觀眾有些不滿，會議廳內頓時出現騷動，但旋即便鴉雀無聲，因爲大家很想聽聽大師怎麼說。

一片靜謐中，霍金臉上的笑容並未消失，只見他用著還能活動的手指，艱難地點擊鍵盤。

廳內出現輕快地的敲鍵聲，投影屏上也緩緩顯示出一行又一行的文字：「朋友，我的手指還能正常活動，所以上天對我可一點也不殘忍！還有，我的大腦仍能正常思考，我仍有要追求的理想，還有我愛與很愛我的親人和朋友，我想，我擁有的要比失去的還多！對了，我還有一顆感恩的心……」

說到這裡，掌聲如雷響起，霍金的笑容也變得更加燦亮，不少人還激動地跑到台前，向這這位非凡的科學家鞠躬致意。

他們之所以深受感動，並不是因爲霍金所受到的苦難沉重，而是他直視苦難時的樂觀態度，那份勇氣與堅強正是他們所缺乏的。

看見霍金大師的堅強，你是否也深受感動與啓發？眼前才剛經歷小挫折的你，是不是可以立即振作，再度堅強地前進了呢？

偉大人物的範例常讓平凡的你我感到不可思議，因而有人會認爲，那是這樣的人物才會有的忍耐與堅強，若是相同的事發生在自己身上，恐怕無法有他們萬分之一的堅強。

但是，你知道嗎？所有偉大的人們其實和你我一樣凡平，也有脆弱的一面，也有需要人們支持扶助的時候，只是他們不會在我們的面前表現。因爲，他們明白，即使正在生命困厄中，他們也必須懷抱希望，把笑容傳遞給我們，然後他們才能從我們的肯定聲中得到前進動力與支持力量。

明白了吧！每個人都需要互動與互勉才能堅強走下去。有些時候，積極是爲了帶動身邊的人，爲了營造環境的氣氛，畢竟當大環境充滿活潑朝氣時，生活其中的人又怎麼會活潑不起來呢？

霍金大師的這則故事提醒我們：「逃避很容易，但最終只會害了自己」。接受困境才能遠離困境，無論生活中遇到什麼樣的大小麻煩，只要能積極面對，很快地，我們將會發現所有難題迅速解決、消失。

正視挫敗，才有風光的未來

只要我們能正視所有挫敗，用心找出失敗的原因，然後積極重建自信，自然能在下一次戰役風光贏得勝利。

想烤出美味的蛋糕，除了材料要實在外，烘焙的技術也十分重要。要訣是什麼？許多烘焙師傅都這麼說：「這門技術只有一個要訣，那就是不斷從失敗中找出成功的方法。」

不論我們站在什麼樣的工作崗位上，要求的工作態度都一樣，只要認真負責、努力用心，自然能烘烤出人見人愛的美味人生。

有個國家常被強大的鄰國侵略，幾乎每場戰役都輸的國王，眼看著自己的國家就快被滅亡，心裡十分焦急。

這天他再度領軍抗敵，但經過多次奮戰後再度潰敗，士兵們爲了保住自己的性命四下奔逃，國王也僞裝成牧羊人，逃進了一座森林。

國王在森林裡流浪了好幾天，好不容易找到一間有人居住的小屋，便輕輕地敲了門。來開門的是名婦人，國王輕聲地向她乞討一些食物，並請求暫住一宿。

婦人斜視一身骯髒的國王，接著語帶不屑地說：「好，只要你能幫我看著那個正在爐子上烘烤的蛋糕，我就賞你一頓晚飯，還讓你在這兒休息一晚。現在我要出去擠牛奶，記住，要小心看著這個蛋糕啊！千萬別讓它烤焦了。」

國王點了點頭，接著便靠著火爐坐下，全神貫注地看著蛋糕。但沒過多久，他的思緒開始轉移，雙眼雖然仍盯著蛋糕，但心裡卻煩惱著：「唉，我要怎麼重整軍隊？這場戰爭要怎麼打才會贏呢？面對強敵，我該怎麼迎戰？」

國王越想越多，也越想越慌，國家前途茫茫，到底該怎麼辦呢？

過了一會兒，婦人回來了，而且一踏進門便驚叫連連：「天哪！發生什麼事？你在幹什麼啊？」

原來蛋糕早已經烤焦了，屋裡滿是煙味，至於國王仍然坐在爐灶邊，想得出神的他只乾瞪著火焰，完全沒有發覺蛋糕已經烤焦。婦人生氣地叫喊道：「你這個沒有用的傢伙，看看你做的好事，今晚沒東西可吃啦！」

國王聽見婦人的驚呼聲，這才回過神來，慚愧地低下頭。

這時，婦人的丈夫回來了，一眼認出爐灶邊的陌生人正是他們的國王。

「妳知道妳罵的人是誰嗎？是我們高貴的國王啊！」丈夫說。

婦人一聽，嚇得跑到國王身邊跪下，「對不起，我沒認出您是偉大的國王，請您原諒我的無知啊！」

沒想到國王卻笑著扶起她，「不，妳罵得很對，我的確沒看好爐子，妳是有資格罵我的。既然我接受了這個工作，就應該確實地完成任務，但是我卻把它搞砸了，是我不對。很感謝妳的指責，我絕不會讓自己再犯相同的錯誤了，接下來，我會好好負起國王之責！」

從此，國王積極學習治國的方略，之後再度披上戰袍，也成功地擊退敵人，讓敵人從此不敢再來侵犯。

烤焦的蛋糕帶出了國王的不專心，也提醒了國王要認清自己的責任，負起他對國人應盡的義務，因爲，一味逃避躲藏始終無法解決問題，君主若不能力圖振作，就算擁有再強盛的軍團、再頂尖的智囊，也無法力挽狂瀾。

生活不也如此？如果自己不願積極，不能堅強站起來，無論人們怎麼扶助支援，結果仍會是一敗塗地。

人生好像烘烤蛋糕一樣，要專心也要專精，失敗了沒有關係，只要別屢戰屢敗後仍不知道爲何失敗就好。只要我們能正視所有挫敗，用心找出失敗的原因，然後積極重建自信，自然能在下一次戰役風光贏得勝利。

勇敢為自己的權利把關

只要你知道自己付出了多少，也清楚自己拿得問心無愧，那麼面對人們的有心苛刻或為難，你都應該挺直腰桿為自己爭取權利。

現實社會中什麼樣的人都有，有人滿嘴佛理、慈悲心，但行爲卻與魔鬼無異；有人看似兇神惡煞，實則是爛好人一個。

從審視不同的人及性格中，我們也慢慢學會了怎麼應對，當然也學會了用什麼樣的方法對待不同的人。

之所以如此，最終無非是要保護自己的權利和機會，如果事事都無所謂，面對什麼情況都畏懼退卻，又怎麼能爭取到更好的未來機會呢？

小婷利用空閒時間當家庭教師，賺取一些大學生活所需的費用。然而前幾天，當她與一名小朋友的家長計算家教費用時，卻出了一點狀況。

李先生對她說：「王小姐，我們來算一算薪資吧！我想妳應該很需要錢，但妳一直未開口，所以我先提了，嗯，我們講明了每月薪水四百元……」

「四百元？好像應該是六百元吧！」小婷說。

「是四百元沒錯啊，我這裡有記載，我從來都只支付家教老師四百元啊！而妳在這裡只待了兩個月……」李先生邊指著記事本邊說。

「不，是兩個月又五天……」小婷口氣堅定地說。

「是兩個月整，我這裡是這麼寫的，所以原本我應該付妳八百元。不過，這其中還要扣除十五天的工資，因爲那幾天妳只是看顧李林，沒有教他任何東西，另外還有兩天國定假日也要扣掉。」李先生大聲地說。

小婷默默地低下頭，一語不發，眼眶越來越紅。接著，李先生繼續說：「那十五天，再加上三天休假，應該扣除二百三十四元，然後李林又請了四天病假，妳請了三天病假，還有，我太太允許妳午休的時間也應扣除。」李先生滔滔地說，最後結論是：「我一共要給妳……四百八十一元，對吧？」

小婷聽到這裡，淚早已不受控制地落了下來，但李先生似乎沒有察覺，專注地敲打著計算機，繼續計算著：「再來，妳曾經打破一只茶杯，那要扣二十五元，又因為妳的疏忽，害李林爬樹時撕破了一件衣服，這要扣五十元，還有，上個月初妳曾從我這裡拿了一點生活費……」

苛刻的李先生說到這裡，小婷立即抬起頭，堅定地說：「我什麼時候向您拿過生活費了？」

「妳可能不記得了，看看我這裡的記錄。」李先生將筆記本拿給小婷看。

小婷看完後說：「是的，有一次我向李太太拿二十元，那次我忘了帶錢包。」

「好，扣一扣，兩個月的薪水一共是二百七十六元，請收下吧！」說完，李先生把工資交給小婷。

只見鼻涕淚水已不分的小婷接過工資時，還輕輕地說了句：「謝謝。」

「爲什麼謝我呢？二百七十六元怎夠妳生活呢？」李先生問。

「有總比沒有好。」小婷很認命地說。

「這怎行？妳要懂得爲自己的權利把關啊！原本是一千二百元，結果只拿到二百七十六元，這怎麼對呢？妳居然還對我說『謝謝』？」李先生說。

「因爲有人是一毛錢也不給，我至少還有領到錢。」小婷說。

「沒給錢？不會吧？眞有人這麼狠心嗎？妳放心吧！我剛剛是和妳開玩笑的，這一千二百元妳拿去吧！記住，以後妳要勇敢地捍衛自己的權利，沉默不語只會讓妳受盡壓迫和欺負。」李先生好心地提醒小婷。

「嗯，謝謝！」小婷淚水停了，取代之的則是滿臉的驚喜。

小婷是很幸運的，面對從一開始被讀者和小婷一樣誤以爲是「澳客」的李先生，到後來不但拿到應得的工資，還學得了一點生活教訓，想必讓她大大鬆了一口氣，或許還有著「寒冬送暖」的感動！

好心教導小婷要爲自己權利把關的李先生，最後不僅讓人性希望重現，透過這齣戲還讓小婷和你我深刻明白了一件事：「只要你知道自己付出了多少，也清楚自己拿得問心無愧，那麼面對人們的有心苛刻或為難，你都應該挺直腰桿為自己爭取權利。」

其實，人心千百萬種，多的是心機重、城府深，總爲自己著想的對手，遇到這樣的合作對象時，除了要大聲爲自己爭取權利外，更要能即時抽身、離開，尋找能誠懇相待的合作者。只要你也是個誠懇踏實的人，你獨有的磁性終會帶領著你接近最適宜你的磁場。

不放棄希望，就擁有改變的力量

命運就掌握在自己手中，身處痛苦困境，只要我們不放棄自己，不放棄生命希望，再困厄的命盤也會被我們親手改寫。

挫折往往是人生的轉折，就像作家坎普所說的：「沒有遇過挫折的人，無法讓自己的生命綻放出美麗的花朵。」

的確，沒有歷經挫折的人，就像未曾在刺骨寒風中成長的梅花一樣，無法開花結果。一個人如果想讓自己出人頭地，非但不能老是向老天抱怨，爲何自己生命中會出現那麼多挫折，反而還要回過頭來感謝那些在生命中曾經讓自己絕望和沮喪的挫折。

無論是面對失業、破產、離婚或傷殘等悲慘情況，只要你還能呼吸，生命仍然會支持著你繼續活下去。不放棄希望，就能擁有戰勝逆境的力量。除非你自己放棄，不然，這個世界仍會耐心等待你再站起來的那天，等著爲你喝采！

有一位美國男子在四十五歲生日那天，哀怨地仰天嘆道：「都四十五歲了，我卻一事無成，我這一生實在糟糕透頂了，離婚、破產、失業……等情況都遭遇過，唉，眞不知道我有何生存價值？」

中年男子對自己越來越感到厭煩，性情也因此變得越來越古怪、易怒，外表看似強硬的態度，卻反映出心靈的脆弱。

有一天，他在紐約街頭遇到一個印第安靈媒。人在最低潮時，總渴望有人能指引方向，這個中年男子信步走進算命帳篷裡請靈媒算算他的未來。印第安人看過他的手相之後說：「您是一個偉人，非常了不起！」

「你在說什麼啊？我是個偉人，你開什麼玩笑？」」中年男子冷眼回應。

印第安人微笑地說：「您知道您是誰嗎？」

中年男子皺著眉，喃喃道：「我是誰？哼，我是個倒楣鬼，是個窮光蛋，我是個被生活拋棄的人！」

「你倒說說看，我是誰？」中年男子忽然抬頭，大聲地問對方。

「您是偉人！您有林肯先生的靈魂，您身體流的血、您的勇氣和智慧都是林肯的啊！先生，難道您真的沒有發覺，您的面貌幾乎長得和林肯先生一模一樣？」印第安靈媒說。

「不……我離婚了……我破產了……我失業了，我無家可歸，我……」中年男子遲疑地叨唸著。

「先生，那已是您的過去，您未來將有非凡的成就。如果您不相信，今天您不必給我一毛錢，不過五年後，您將是美國最成功的人，到時候若證明我的看法是真的，您再把錢給我就行了。我最後要再一次提醒您，您就是林肯的化身！」靈媒說。

中年男子帶著滿臉的懷疑離開，但另一方面，心底卻有了一種從未有過的感受，緊接下來他對林肯產生了濃厚的興趣與好奇。回到家中，他努力地尋找、研究所有與林肯相關的資料。

漸漸地，他感覺到生活似乎起了變化，無論是他生活大半輩子的環境，還是與他一同生活了大半人生的親友、同事們，現在給他的感覺全變了，人們面對他的眼神和表情比過去還要熱情許多，就連周遭環境也變得比過去順利多了。

時間過得很快，十五年後，也就是在六十歲的時候，成爲億萬富翁的他對朋友說：「我知道這一切其實都沒有改變，只有我自己變了。因爲相信『林肯靈魂』的我，開始努力研究、模仿林肯的膽魄和精神，也慢慢地被他影響啓發，是我讓自己變成了眞正的『林肯』，變得和他有一樣有決心和魄力。」

也許有人很好奇，故事中的男主角到底是誰？

其實，是誰並不重要，知道了他的名字又如何？我們眞正需要知道的不是他的名聲與地位，而是要學習他如何戰勝自己的心魔，是不是呢？

「這一切都沒改變，只有我變了」，當男主角在省思過往人生時，很簡單地告訴了我們，這個世界並不會因爲我們而改變，但我們卻能靠自己的力量改變自己的世界。

「林肯的靈魂」看似重現在男主角身上，事實上，他不過是讓原本存在於他靈魂裡的生命活力重現罷了。每個讓生命、精神、活力充分展現的人，體內都有林肯的靈魂，他們會適時地在生活困厄中，爲自己找到一個轉彎出口，並讓生命毅力帶動他們認眞地活下去。

不論在何種困境中，你都不是孤單、無依無靠的，如果你找不到人安慰，請別忘了一直陪伴在你身邊的靈魂。「命運就掌握在你手中」，其實故事中的靈媒只是在扮演類似心理醫師的角色，只是是在男子最需要安慰的時候給他一個鼓勵，接下來，男子全靠著自己的生命力量再站起來，創造未來！

既然，他可以再站起來，你也可以像他一樣再展精采人生。挫折就是人生的轉折！身處痛苦困境中，別忘了故事要告訴我們的：「只要我們不放棄自己，不放棄生命希望，再困厄的命盤也會被我們親手改寫。」

從現在開始實踐夢想

誰也不知自己的生命有多長,與其走到生命終點時後悔不已,不如現在積極行動吧!

從出生開始,我們手中就握有一張生命清單。當然,這張單子並不是在我們一出生就寫好明細,它會隨著我們的成長與領悟,不斷地改寫或添入。直到我們積極前進,直到我們肯認眞實踐,生命清單才會在最後一頁告訴我們:「夢想眞能成眞!」

沒有行動,我們永遠不知道夢想是否能達成;沒有動作,我們永遠不知道夢想原來不難實踐。只要我們肯動作,你所盼望的結果定能「如你所願」。

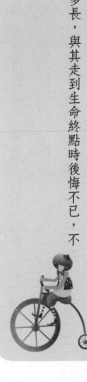

有兩位病人同時從醫院門口走進去，不約而同走到同一個櫃台掛號。掛完號後，他們互相問候，發現兩個人都是因爲鼻子的問題來找醫生的。

今天他們都在醫生的要求下，決定進一步檢查，看看身體是不是出了狀況，在等待化驗報告出來的時間，兩個不期而遇的陌生人在等候室聊著天。

艾倫說：「如果化驗出來的結果眞是癌症，我將立刻出發旅行，第一站就要到科羅拉多大峽谷！」

霍華德聽見艾倫這麼說，也點頭說：「我也是這麼想的！」

等待的時間很快便過去，報告終於出來了，結果艾倫證實罹患鼻咽癌，至於霍華德只長了鼻瘜肉。面對癌病，艾倫似乎早已想好對策，列好一張告別人生的計劃表。當醫生提出治療計劃時，他拒絕了，因爲他決定要先把自己寫下的計劃實現完成。相對的，霍華德則選擇住進醫院，先把鼻病治好。

艾倫的第一項計劃是到科羅拉多大峽谷觀光旅行，接著從紐約坐船到利物浦，在夢想的英國住一段時間，然後再前往法國的羅浮宮參觀，最後到澳洲度過南半球的夏天。

當北半球春天的腳步接近時，艾倫要立即從墨爾本搭機前往北京，登上著名的建築奇蹟長城。後來回憶到這一段時，他總笑著對朋友說：「站在長城上，我竟覺得自己就像個豪氣萬千的英雄。」

除了四處旅行之外，他也不忘充實自己，決心讀完莎士比亞的所有作品。

此外，像是聆聽一次三大男高音同台演唱等等事項，他都仔細地明列在計劃書中，也確實逐一完成夢想。

最後，他告訴自己：「我要寫本回憶錄和大家分享。」

艾倫的告別人生計劃表中一共有二十七條項目，最終他在這張生命的清單後面寫下這麼一段勉勵：「我這一生有很多夢想，有的已經實現了，有的則因爲種種原因沒能實現。如今，上帝給我的時間剩下不多，爲了不留遺憾地離開這個世界，我要用生命最後的時間去實現夢想。反正僅只這二十七個夢想而已，我一定能完成的。」

第一年，艾倫辭掉公司職務前往科羅拉多大峽谷，第二年又以驚人的毅力和韌性取得了夢寐以求的專業資格證書，並讀完莎士比亞所有的著作。

在這期間，他登上了長城也到過羅浮宮，還在北半球的冬天時到墨爾本游泳，現在艾倫則努力實現他最後一項計劃——撰寫「回憶錄」。

有一天，霍華德在報紙上看見艾倫寫的遊記，便打電話去問艾倫的病況，「我是霍華德，你最近好嗎？」

艾倫在電話那頭笑著說：「很好，很好，我想要不是這場病，我的一生恐怕會很糟糕吧！若不是它提醒我快去做自己想做的事，快去實現自己想實現的夢想，我恐怕到現在都還不知道什麼是眞正的生命和人生。我的朋友，你呢？應該和我一樣快意吧！」

電話彼端的霍華德只輕輕地「嗯」了一聲，便不再答話，雖然當時他曾附和艾倫的夢想行動，但之後卻因爲罹患的不是癌症，而讓夢想成「空」。

對比艾倫與霍華德的人生，一個因爲得知癌症而積極行動，一個因爲結果只是個小病痛而繼續擱置夢想，不知道讓你得到了什麼樣的啓發？

事實上，霍華德所浪費的時間與艾倫實踐夢想的時間相等。然而，我們從身上艾倫，不僅沒見到病懨懨的模樣，反到感覺他活得比過去更起勁，從中我們似乎也預見了生命奇蹟的發生可能性。

反觀霍華德，雖說要先將身體的毛病治好，才能有健康的體魄實現夢想，但事實上當艾倫夢想實現的那天，霍華德仍在原地自怨自艾。

誰也不知自己的生命能夠有多長，與其走到生命終點之時後悔不已，不如現在積極行動吧！

同樣的，不要等到接近生命的終點才「吐露眞言」，愛誰、想誰或對不起誰，現在就大膽直言、坦白告知，相信從此你的人生道路上將有更多人相伴。

增強你的信念，奇蹟就會出現

堅強你的信念，靠著你那獨一無二的意志力，在你身上就一定會有「起死回生」的奇蹟發生。

莎士比亞曾經說過：「一個人的心靈如果受到鼓舞，即使器官已經萎縮，也會從沉沉的麻痺中振作起來，重新開始活動，像蛻了皮的蛇獲得新生的力量一樣。」

生命的熱情，來自積極的能量；你覺得生活充滿無奈和無力嗎？快點用智慧拯救自己的人生吧！

有一天，美國運動健將拉爾夫忽然心臟病發，一直處於昏迷的狀態，院方安排了兩位護士在他身旁看守。

昏暗的病房裡，兩位女護士正忙碌地測量拉爾夫的脈搏跳動，此時的拉爾夫已經昏迷六個小時了，仍然尚未脫離險境。

但是，醫生認爲他已盡了一切努力，能做的、該做的都已經做了，便離開了這個病房，到其他病房去了。

此時的拉爾夫雖然不能動彈，無法有任何動作或表示，但是，他的意識卻是清醒的，他不斷告訴自己，一定要保持積極，一定要保持清醒。

忽然，他聽到一位護士激動、慌張地說：「他停止呼吸了！妳能摸到脈搏的跳動嗎？」

另一位答：「沒有。」

接著，他又聽到另一位說道：「妳摸到脈搏跳動了嗎？」

「沒有。」另一位搖頭說。

「我必須告訴她們，我還活著。」拉爾夫不斷地暗示自己：「但是，我要如何讓她們知道呢？」

這時候，他想起了一句經常自我激勵的話：「如果你相信你能做到，你就能完成它。」

他企圖要睜開眼睛，可是努力了許久，眼睛卻依然不聽指揮，不過他一點也不放棄，終於，他聽護士說：「我看見一隻眼睛在動了！」

「他仍然活著！」另一位護士也驚呼。

拉爾夫不斷地進行自我暗示和自我激勵，雖然他努力了很久，也非常辛苦，但是，終於讓他睜開了眼睛，起死回生。

每個人的人生，就像四季循環一樣，事實上是充滿變化的。重點在於，當暴風雪的季節到來，你抱持著什麼心態渡過生命的冬天。

如果你能夠瞭解生命就是實踐自己價值的過程，那麼你便會對生命充滿信念，不致時常因爲各式各樣的折磨而沮喪。

對於生命的信念，需要的正是執著而堅強的意志力，那是人類區別於萬物的寶貴財富。

拉爾夫的故事，在現實環境中時常發生，同時也是多數人驚喜的奇蹟，但是，這些奇蹟的發生，不是因爲所謂的天顯神威，而是個人意志力的堅持，潛意識裡無限潛能的爆發。

生命的過程中，我們會遇上各種險境或困境，請記得，堅強你的信念，靠著你那獨一無二的意志力，在你身上就一定會有「起死回生」的奇蹟發生。

錯誤就是成功的開始

用正確的態度去面對，並找出犯錯的原因和問題所在，如此才能避免重蹈覆轍，讓每一個錯誤都成為你成功的保證。

英國詩人雪萊曾經說過：「春天雖然來得晚，但它一定會來！」

獲得成功的主客觀因素很多，但是，堅持毅力、繼續努力下去，卻是其中最困難的要件；只要不輕言放棄希望，勇敢改進犯過的錯誤，你終究可以爲自己找到成功的道路！

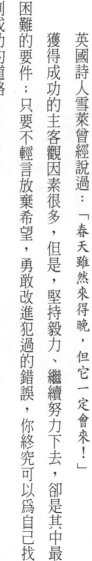

迪克九歲的時候就已經開始工作了，他和父親一起趕著兩頭瞎了眼的騾子，在北卡羅萊納州的各地販賣貨物。

年輕的迪克經常拉著騾子，徒步走著，嘴裡則是嚼著煙草屑末，以他這樣的情況，有誰料得到，這個窮孩子會在幾年之後創立美國煙草公司，執全美煙草界的牛耳？

有一天，迪克遇見一個賣煙捲的老朋友，彼此寒暄了一番，並說著自己的近況，這時那位朋友卻說：「我和太太兩個人，只開了兩家店就累到不行了，你居然開了二千家店，那眞是天大的錯誤啊，迪克。」

「錯誤？」迪克不以爲然地回答：「是嗎？雖然我經常犯錯，但做錯了就把問題找出來，然後再加倍地努力去做，只要不懈怠下來，我就能從中不斷地學習改進，得到更多的成就。」

迪克不怕犯錯、永不退縮的態度，以及採行零售聯營的經營方式，使得他每週都有一千萬美元的收入，最後更讓他有機會以一億元美金，創立了一所迪克大學。

查理德斐爾爵士曾說：「目標的堅定是性格中最必要的力量泉源，也是成功的利器之一。沒有它，天才也會在矛盾無定的迷徑中徒勞無功。」

迪克的成功之道，在於他不怕犯錯，也不怕失敗，更不會因爲錯誤的經驗，使自己停頓下來。他勇敢面對錯誤，並更加努力地將錯誤挽回，所以才能贏得更大的成功。

人難免會犯錯，當你犯錯的時候，是想盡方法推卸責任，還是從錯誤中找到解決的方法？

用正確的態度去面對，並找出犯錯的原因和問題所在，如此才能避免重蹈覆轍，讓每一個錯誤都成爲你成功的開始。

PART 3

不服輸，才能扭轉劣勢

既然不幸，就要面對不幸，

並相信自己可以改變這些不幸！

只有不服輸的人，最後才能扭轉劣勢。

抬頭看看你的天空有多寬廣

每個人立足的基礎越來越公平，獨立自主思考的權利也越來越寬廣，除非你放棄自己，否則沒有任何人可以掌控你。

諾貝爾文學獎得主，魔幻寫實作家馬奎斯提醒我們：「生活會不斷地給人一些機會，讓人勇敢地活下去。」

在這個公平競爭的社會中，每個人的機會都很均等，即使先天條件優越，但若自負於這樣的優越感，很快地將會困守於太過自恃的囚籠中。

布萊爾二度坐上英國首相之位，並開始改組內閣時，在他開列的名單中，再次出現了「戴維．布倫克特」的名字，這位雙目失明、由教育大臣躍入權力中樞的內政大臣，也再次成爲英國人心目中的傳奇人物。

布倫克特的殘疾是天生的，四歲之時，他便進入專門爲盲童設立的寄宿學校上課，這段寄宿生涯在他的自傳中也曾提及，然而，他在自傳中寫道：「在寄宿學校的那段日子，比在家裡糟糕極了。」

因爲這段日子，布倫克特被剝奪了隱私，也失去了家庭的溫暖，回憶起來，自然有許多難過的經歷。

布倫克特很早就學會了盲文，也很早就開始累積盲文速記和打字能力，這些讓他在成年後很順利地找到第一份工作，而這些經驗都爲他後來的從政之路，立下了很深厚的根基。

意志力堅強的布倫克特緊緊把握住生活中的每一次機會，他表現出色，以過人的毅力力爭上游，並不時地告訴自己：「我要過正常人的生活，因爲我是正常的人！」

精力充沛且勇敢的他，甚至還學會了爬樹與騎單車，連滑雪的機會也沒放過，雖然身上跌得青一塊紫一塊，更甚者還造成骨折、磕掉過牙齒。

但是，這一切都未消滅他的勇氣和生命活力，他不管人們如何冷嘲熱諷，反而更加積極地參與各項社團活動，鍛鍊自己的社交能力，還主動邀請女孩子出遊、約會。

十六歲時，他加入了工黨，並成爲衛理公會的傳教士，不久他考取了謝菲爾德大學，二十二歲時，他已經是謝菲爾德市的議員了。

由於鮮明的自主觀點，與腳踏實地的工作態度，盲人布倫克特獲得了選民的廣泛支持，在仕途上越走越順暢，到了布萊爾當選英國首相後，他不僅擔任教育大臣，甚至還坐上了內政大臣的位子。

從此，沒有人注意到這位大臣竟然是位盲人，而他的實力也再次受到人們的信服與肯定。

後來，英國《太陽報》曾經這麼寫道：「布倫克特其實是個首相人才，這是極有可能發生的。」

布倫克特聽聞時嚴肅地說：「當首相？開什麼玩笑！我的意思是，我這輩子肯定當不上首相，但我認爲，總有一天會有盲人首相的出現。」

看著布倫克特積極的生活態度，聽見他突破生活「盲」點的企圖心，相信許多人也感受到他立足於「正常人」的基礎上，永不放棄的生命光芒。

在資訊越來越發達的文明現代，每個人立足的基礎越來越公平，獨立自主思考的權利也越來越寬廣，類似「別人能，你也能」這樣積極的鼓勵，也越來越受到肯定。

除非你放棄自己，否則沒有任何人可以掌控你，聽聽布倫克特在故事中告訴我們的：「我可以過正常人的生活，你更可以實現自己想過的生活，我們都頂著相同寬廣的天空，我可以乘風高飛，你也一定可以，只要你願意實踐自己的夢想！」

不服輸，才能扭轉劣勢

既然不幸，就要面對不幸，並相信自己可以改變這些不幸！只有不服輸的人，最後才能扭轉劣勢。

人們對於「不服輸」這三個字褒貶不一，因爲有人便是被「不服輸」害慘了，但是，也有人卻因爲不服輸，而屢屢超越自己。

這就好像走在相同的路上，有人最終走偏，有人卻能走到成功的終點一樣。

凡事皆有許多面向，聰明的人都明白「不服輸」的眞義，知道那不是逞強鬥狠，而是在最困厄時候，激發扭轉劣勢、突破險境的勇氣！

拿破崙的父親爲了兒子有成，費心地將他送進貴族學校。然而，拿破崙的家境與其他學生落差極大，許多知道拿破崙背景的孩子因而經常嘲笑他的貧窮與困窘，並有意無意地在他面前誇耀家裡的財富。

自尊心極強的拿破崙面對同儕的譏諷，儘管怒不可抑，卻不能不承認事實，因爲自己的出生背景確實不如人。窮苦出身讓他無力反駁，因而他唯一能做的事是寫信向父親訴苦，「父親大人，我不想再疲於解釋我的貧困，雖然我知道他們只有財富高於我，若說高尚的思想他們則遠在我之下。儘管如此，我還是不想再面對這些富有而高傲的人了。」

「孩子，正因爲我們沒有錢，所以你更得在哪兒讀書，如果你想擺脫貧窮，不想一輩子被人嘲笑，便得堅持下去，直到畢業。」父親回信這麼勉勵他。

於是，拿破崙堅強面對人們的嘲笑、欺侮和輕視的態度，每一次他都這麼告訴自己：「我一定會讓他們刮目相看，我的成就一定會高於他們！」

能立下這樣的決心並不容易，但拿破崙做到了，他不空口自誇，也不情緒回應，求學過程中，每一步都十分小心也默默地積極前進。聰明的他還學會了利用這些沒有頭腦卻自傲的人作爲他的踏腳石，使他們成爲他獲得一切技能、財富、名譽與地位的助力。

另一方面，當其他同伴們忙於追求女人和賭博時，他則埋頭讀書，累積自己的能力，耐心等待著超越他們的那一天。

在那個非常時代，拿破崙選擇加入軍旅，這條路更加艱辛，但他卻充分發揮在貴族學校裡習得的生存技巧與耐力，更加努力累積自己的軍事實力，所有關於軍事謀略的圖書與技巧他也努力學習，等著一展所長的時機。

在軍營中，當他將科西嘉島的地圖畫出來時，當他以數學方法精準算出佈置防範的最佳座標時，長官們都讚譽有加。

身材矮小的他常被嘲笑，然而無論是被人取笑出生背景，還是後來被譏爲書呆子，拿破崙全都一笑置之，因爲他知道，所有的嘲笑總有一天會消失，因爲他的時代就要來臨了。

是的，當長官們發現拿破崙紮實的學識，也見識到他豐厚的實力後，開始分派許多重要任務給他。拿破崙自然不忘把握每一次機會全力表現，機會一次又一次地出現，他也慢慢地擁有非凡的權勢地位。

情勢開始改變，從前嘲笑他的人改以卑微的姿態出現在他面前，甚至低賤地乞求他的關愛，那些過去輕視他的人如今個個都希望能成爲他的朋友。

至於那些曾譏笑他矮小、無用的人，後來則對他充滿敬意，其中不少人更成爲他忠心的擁護者。

聰明的你想必發現了，在父親分析勸進後，拿破崙便已發憤圖強，確認了自己未來的方向。

當那些有錢子弟四處玩樂、虛度時光時，拿破崙則努力拓展他的成功道路，積極尋找發展機會，後來終於站上領導者的大位。

拿破崙的聰明與努力，當然是促成他成功的原因，但最重要的是，他擁有不服輸的心。因爲不服輸，所以他能在受盡恥辱與欺負時，積極地再站起來，重整心情，向前邁進。

試想，如果當初他因爲受不了同學們的欺負，只懂得自憐自艾，父母親也因爲心疼而允許他回家，那麼後來的歐洲歷史便不會有這麼一號英雄人物了，甚至整個歷史也將因此改變。

「既然不幸，就要面對不幸，並相信自己可以改變這些不幸！」這正是拿破崙在故事中要告訴我們的；只有不服輸的人，最後才能扭轉劣勢。

從「C」到「E」的成功技巧

不必貪求一時的興盛與風光，一切只需循序漸進，也一步步累積，每一分每一秒都用烈火焠鍊自己。

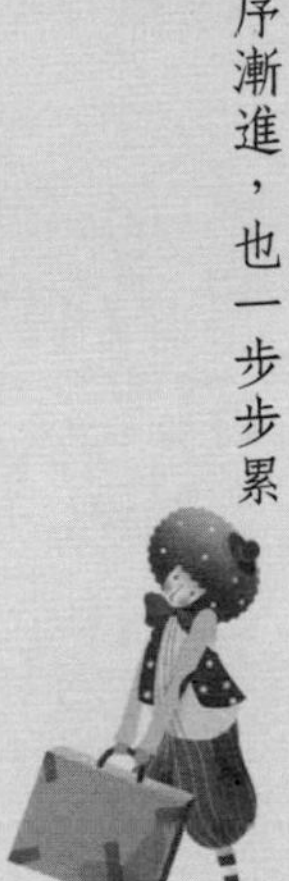

成功好像命名一樣，不少人爲了替孩子或自己找一個最具成功相的名字而絞盡腦汁，翻開大辭典，從第一個字找到最後一個字，直到名字讀來順暢，也讓他們感到希望無限時，才會放心闔上書冊。

仔細想想，成功路不也如此？不也得從東找到西，從A點找到Z點？

那些能拿下成功桂冠的人，共同的特色就是不斷地前進，不斷地尋找。對他們來說，追尋成功就如同命名一樣，沒有得出最佳結果，絕不說「停」。

達斯汀・霍夫曼是美國家喻戶曉的演技派演員，榮獲終身成就獎時，曾在頒獎典禮上提到一則讓人們難忘的小故事。

當年霍夫曼宣傳〈畢業生〉這部電影時，碰巧與音樂大師史特拉文斯基在同一個地方接受訪問，當時記者問史特拉文斯基：「先生，您能不能談一談新作品首度公演的感想？」

史特拉文斯基微笑著說：「新曲首次公開演出，便能得到聽眾們的肯定與支持，確實相當難得，但是，無論是以往還是此刻，我的心情一直都很平靜，沒有太大的起伏。」

「您不覺得這是一生中最值得自豪的時刻嗎？」記者問。

聽見記者這麼問，這位音樂大師淡淡地回答：「確實，我並不覺得此刻有什麼好自豪的！」

記者不敢置信地追問：「史特拉文斯基先生，難道您生活中還有比此刻更讓您感到驕傲、自豪的時候嗎？」

史特拉文斯基點頭說：「是的，對一個創作者來說，只有在構思新曲時才是展現自我生命光彩的時候。回想起來，那時坐在桌前的我，可說是日以繼夜地琢磨著每一個音符，我用靈魂感應屬於這首曲子的生命之音，無論是面對哪一個音符，即便是休止符，我也一視同仁地以生命交流，目的便是希望每一首曲子都能有完整且完美的生命節奏。所以，我絞盡腦汁尋找新曲中的每一個音符，不論是『C』還是『E』，我用心斟酌，當我終於發現那個『最適宜也最重要』的音符的剎那，正是我人生中最快樂、最自豪的時刻！」

這是史特拉文斯基的堅持，也是啓發霍夫曼人生的重要談話。霍夫曼還說，當場他還感動得掉下了眼淚呢！

說著對音樂大師的感動，霍夫曼自己其實也寫締造了不少成功傳奇，好像〈畢業生〉中成功的角色詮釋，以及後來入木三分的「兩人」表現，總結他們兩人的成功因素，正是「認眞」、「用心」。

生活中，我們也不斷地從「C」找到「E」，不斷地尋找最適宜自己發展的機會，和最能展現自己才能的好方向。

不斷嘗試，不斷學習努力，爲了開創最精采的人生，我們必須不斷地摸索、探尋，即使接近人生終點，也一樣要持續下去。

誠如偉大的作曲家不眠不休的工作，只爲尋得一個最能感動人的音符；長相平凡的霍夫曼靠著努力表現，積極向上，最終也得到人們的肯定。

不必貪求一時的興盛與風光，一切只需循序漸進，也一步步累積，每一分每一秒都用烈火焠鍊自己。

即便人們此刻還不明白我們的實力，還不看不見你我的努力付出，但又何妨？等到結果烘培出爐時，一如史特拉文斯基與霍夫曼，最終人們總會聞到、品嚐到他們辛苦製成的美味成品。

用智慧度過每一個難關

我們需要勇氣與智慧迎戰生活中的每一項難關。只有智慧和勇氣能讓人更勇於迎戰命運，更堅強地面對命運之神的玩弄。

遭遇生活難關，有人哭哭啼啼抱怨生活的困境，有人則是面帶微笑、心懷感謝地走過，不知道你都是用什麼樣的態度面對？

爲了活得更好，每個人都費盡心思，用勇氣與智慧爲自己爭取生活中的各種機會，然而卻常因爲偶遇的挫折與危難，拒絕繼續努力。

其實，挫折往往是人生的轉折，再給自己一次機會又何妨？

放棄之前，不妨這麼告訴自己：「都已經給自己那麼多次機會了，爲何不能給自己一次機會，走過難關！」

古希臘神話中的底比斯人，曾因得罪了天神赫拉，而被女神狠狠地報復。當時女神大怒，決定好好懲罰底比斯城的人，命令有著人面獅身的司芬克斯到底比斯城外的山崖上站崗，想進出城的底比斯人民，必須通過司芬克斯的考驗，否則就會被吃掉。

司芬克斯有著老鷹翅膀、獅子的身軀與可怕的蛇尾，那雙如火炬般的眼睛，令人們嚇得正眼也不敢望去。

「你們聽好了，有種動物早晨用四隻腳走路，中午用兩隻腳走路，晚間用三隻腳走路，這是萬物中唯一會用不同數目的腳行走的動物。給你們一個提示，當他使用的腳越多時，速度和力量也就越小。」司芬克斯大聲地對每一個路過山崖的底比斯城人民說。

這個難題考倒了底比斯人，路過底比斯城的人一個個被斯芬克斯吃掉，直到底比斯國王之子伊底帕斯出現時才有了轉機。

這天，伊底帕斯正巧路過此地，也遇上了女妖，女妖說：「解開謎題你才能進城，否則，你就得心甘情願地成爲我的點心。」

沒想到伊底帕斯聽見司芬克斯的話時，竟然笑著回答：「好，那你仔細聽了，我的答案是『人』。人在生命的早晨，是軟弱且無助的嬰孩，會用四隻腳行走；在生命日正當中時，則用兩隻腳走路；到了生命晚景，他便得尋求扶持，此時則會多出一根拐杖，做爲他第三隻腳。」

「啊！」聽完伊底帕斯的答案，司芬克斯驚叫一聲，接著便從陡峭的山崖邊墜落死去，因爲謎語被猜中了。

在伊底帕斯解出答案前，你是否已想到「人」這個答案了呢？

雖然我們聽多了勇氣與智慧的重要性，但似乎沒有多少人達成這兩個目標。

雖然伊底帕斯王之後被無情的命運作弄，落得雙目失明又被流放的悲慘下場，但當他面對困難時，充滿勇氣與智慧的作爲，使他的故事流傳千古。

其實，解謎題和解決生活難題一樣，有題目就一定會有答案，只是，能解出答案的人，往往要比別人更用心思考，也比別人有更冷靜的腦袋。

挫折並不可怕，可怕的是失去智慧和勇氣。好像故事中的伊底帕斯，必須具有智慧勇氣與獨到見解，才能難解救底比斯城中的子民，我們不也需要這樣的勇氣與智慧迎戰生活中的每一項難關？

只有智慧和勇氣能讓人更勇於迎戰命運，更堅強地面對命運之神的玩弄。

機會只給勇於爭取的人

存在於成功者身上的重要基因，正是「勇氣」和「毅力」，勇於挑戰的人，機會必定會等待並與他一同前進，直到他成功為止！

生活中我們都會遇見難關，也隨時都會碰到困難，但無論事情多麼棘手，一切終究都會過去，成功的機運也始終都掌握在你我的手中。

套句電視主角的口頭禪：「氣勢就在我這邊！」意思是說，只要我們有信心，再艱困的難關都一定會被我們的氣勢所逼退，只要我們有自信，成功的機會必定會站在我們這邊。

卡羅．道恩斯原本是在一家銀行工作，捧著人人羨慕的金飯碗，然而，他後來卻放棄了，他說：「在這裡，我無法充分發揮自己的才華。」

於是，他毅然地離開銀行，隨後走進了杜蘭特公司，也就是後來名揚天下的通用汽車公司。

在新的工作環境中，道恩斯努力奮鬥了半年之後，爲了進一步了解自己的才能，便寫了兩封信給杜蘭特老闆，希望從對方的回覆中，了解自己的工作表現，也明白公司能給予的發展空間。

然而，杜蘭特並沒有兩封信都回，他只回應了道恩斯的一個問題：「我有沒有機會擔任更更重要的職位，做更重要的事？」

只見老闆在這個問題下批示：「現在，我將任命你負責監督新廠機器的安裝工作，但不保證升遷或加薪。」

道恩斯接受新的工作命令，但是在他手上的，只有杜蘭特給的一張施工圖。杜蘭特對他說：「按圖施工，就看你能做到什麼程度了。」

也許，對看得懂這張圖的人來說，這只是件小事，然而對從未接受過相關訓練的道恩斯來說，看著完全陌生的圖紙，還要在短時間內完成施工，確實是件非常困難的事。

但是，道恩斯心裡明白：「這是一個千載難逢的機會，如果我就這麼退縮了，恐怕就再也沒有機會了。」

於是，他重新調整好自己的心理，開始認眞地鑽研施工圖，並找到相關人員一起合作、研究，很快地，他便學會了掌握工作的重點與脈絡，還迅速地提前一個星期完成了這項任務。

這天，道恩斯來到杜蘭特的辦公室，準備向他匯報工作時，卻吃驚地發現，緊鄰杜蘭特辦公室的房間，門牌上竟寫著「卡羅．道恩斯總經理」！

忽然，杜蘭特打開了門，笑著對他說道：「從現在開始，你正式升任爲總經理，薪水部分，則在你原來的底薪上，多加一個『〇』。」

道恩斯不敢置信地遲疑著：「這……」

杜蘭特接著說：「我是故意要交給你那些圖紙的，我知道你看不懂，不過我想知道，你將如何處理。你果然沒讓我失望，原來敢於要求更高薪水與職位的你，眞的更勇於挑戰困難，挑戰自己，所以我相信，你必定是個優秀的領導人才！機會總是眷顧那些能鼓起勇氣並主動出擊的人，相信這一點，你必定比我明白。」

你對自己的能力有多少認知？

對於自己的實力，你又有多少信心？

我們不妨試著與道恩斯轉換角色，換作是你，你會怎樣面對、處理？知道自己的能力所在，也相信困難終究會過去，那麼我們便會明白道恩斯在故事中所帶給我們的啓示：「再困難都要勇往直前，因為機會就在你的手中，一放棄就再也沒有機會了。」

我們都知道，存在於成功者身上的重要基因，正是勇氣和毅力，就像杜蘭特在道恩斯身上看見的：「勇於挑戰的人，機會必定會等待並與他一同前進，直到他成功為止！」

冷靜思考，輕鬆解題

到問題時，要先保持冷靜，才能想出最好的解決辦法；發現問題，要越簡單思考，才能越容易看見解決的辦法。

我們都知道，情緒是解決不了問題的，所以遇到麻煩時，要先保持冷靜的情緒，才能耐著性子把問題抽絲剝繭，一一解開。

雖然能冷靜處理事情的人不多，但只要我們願意慢慢訓練自己，漸漸養成習慣，總會成爲那「不多」裡的聰明人之一。

農夫打掃完馬廄，發現他最心愛的懷錶不見了，連忙回到馬廄仔細翻找，但找了半天，卻始終不見那只懷錶。

農夫著急得眼眶泛紅，因爲那只懷錶對他有著特殊意義，是他老母親留給他的唯一遺物。丟失遺物，讓農夫一時間六神無主，恍神地走出馬廄，正巧撞上在馬廄外玩耍的孩子們。

「您怎麼啦？」孩子們發現農夫神情異樣，關切地問道。

農夫看著這些孩子，心想自己老眼昏花，孩子們的眼睛肯定比他銳利，或許可以幫他找到懷錶，於是便向孩子們說：「麻煩你們幫我一個忙，只要你們誰能幫我找到懷錶，我就給他一美元。」

孩子們一聽有獎賞，一窩蜂地跑進馬廄四處翻找，但找了一段時間後，一個個帶著失望的神情走出馬廄，嘟囔著說：「根本找不到啊！」

農夫點了點頭，說：「謝謝你們。」

就在農夫決定放棄時，有個孩子悄悄地對他說：「我想再進去找一次，不過，這一次只能讓我一個人進去，好嗎？」

農夫望著他，點了點頭，但心裡想的卻是：「大家幾乎快把馬廄翻了過來，還是沒能找到，他再進去也是一樣吧！」

雖然農夫心裡不抱希望，但還是讓孩子進去，並在馬廄外等待他出來。只是，等了很久卻還不見孩子出來，眼看就快要下山了，農夫不想再等了，帶著失望，正準備轉身離開時，那孩子卻忽然大喊一聲：「找到了！」

孩子拿著懷錶跑出來，農夫一看，果真是老母親留給他的那只懷錶，不禁驚訝地問：「你是怎麼找到的？」

「我走進馬廄後，便靜靜地坐在地上，耐心等待四周安靜下來。慢慢地，我開始聽見滴答滴答的聲音，然後我便循著那個聲音找尋，最後就讓我找到了！」

孩子開心地把懷錶交給農夫。

農夫點了點頭，接著拿出一塊錢給這個聰明的孩子，「這是你應得的！」

這則故事再次證明「冷靜」果然是解決問題的不二法門，不論農夫慌張著急地重回馬廄，或是一大群孩子鬧哄哄地在馬廄中翻找時，我們看見的只是毛躁與慌忙處事的情況，最後當然也得不出什麼好結果。

小男孩來到農夫面前，冷靜請求獨自一人進入馬廄找尋失物時，我們也預見了農夫尋回失物時的歡喜。

將這則故事與我們的生活連結，不難發現現代人最缺乏的便是這種冷靜行事的智慧。一發生事情，除了本身情緒紛亂之外，還要製造混亂，只會用慌張的情緒面對問題，不是越鬧越讓問題變得複雜難解？

遇到問題時，要先保持冷靜，才能想出最好的解決辦法；發現問題，要越簡單思考，才越容易看見解決的辦法。

堅持到底，自然能抵達目的地

成就沒有想像中那麼易得，但成功也不是那麼困難，只要秉持「堅強」與「堅持」的信念，路總會照著我們的計劃，鋪設到目的地。

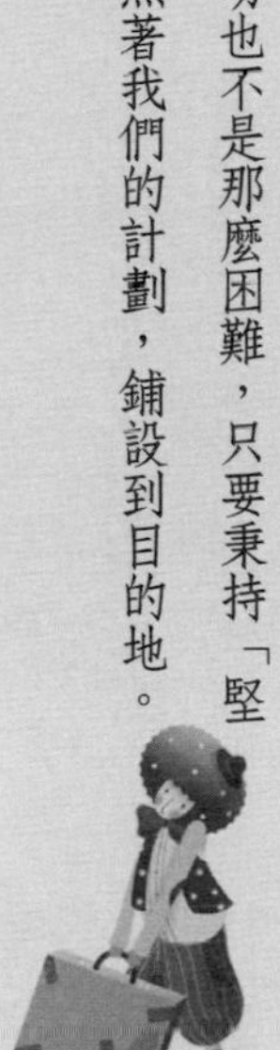

成功的腳步少一步都不行，成功的意念一刻也不能停歇，想擁抱成功的人生，我們隨時隨地都要告訴自己：「一步接一步，自然能成功圓夢。」

所以，別急著三步併做兩步，那只會讓我們跌倒的次數變多，急躁只會讓我們忽略陷阱，因而更容易遭逢失敗的危機！

還未滿二十歲的李嘉誠志氣很高，不願接受父執輩的安排和幫助，堅持要靠自己的實力闖天下，這個決定充分展現出他獨立、自信的性格，這也正是他邁向成功，成爲華人首富的主因。

穩健且不浮躁的工作狀況是他的特色。他原先的目標是銀行業，但第一步走得並不順利，最後只得到餐廳工作。他胸懷大志卻也安分認命，總是對自己說：「成大事本來就是從小事做起，然後自然能一步步邁向理想目標。」

在這個人潮衆多的餐廳中，他額外爲自己安排了一門觀察課程，每天都要猜測顧客們的籍貫、年齡、職業、財富、性格，然後再找機會一一驗證。接著，他還要求自己揣摩客人們的消費心理，學會如何眞誠待人又投其所好，讓客人們能花錢花得很開心。

在這份工作中，他一步步累積經驗，知識也在努力閱讀學習中得到提升。一段時間後，他選擇進入舅父的鐘錶公司當學徒，學習能力極佳的他，很快便學會了鐘錶的裝配及維修技術。

鐘錶店始終不是他的目標，十七歲時他毅然辭別舅父，出外開始創辦自己的事業，雖然屢屢失敗，甚至好幾次都陷入困境，但他的志氣從未被消磨掉。他穩住自己的情緒，踏實地一步一步往前走，直到創建了塑膠工廠。

之所以選擇塑膠業，是長久觀察得出的結果。他認爲這是一個機遇，因爲未來的世界正朝著這個化學工業大步邁進。結果眞如他所預期的，這種審時度勢的判斷力確實讓人佩服。

有一年，李嘉誠到歐美拓展市場時，又碰到一個十分難得的機會。當時，有位歐洲批發商因爲李嘉誠公司的產品價格低於歐洲產品而來找他合作。

不過，這項合作有項但書，批發商面對一個機制還不成熟的公司，始終有些擔心，爲求保險，他們向李嘉誠提出合作意願，但另外又要求他必須提出實力雄厚的公司或其他人的擔保書。

面對這個銷售點遍及歐洲主要市場的批發商，李嘉誠當然不願放過這個機會，但是公司處於草創階段，他實在找不到願意擔保的人。

「只要有一線希望，就要全力爭取！」李嘉誠堅定地告訴自己。

於是，他不再到處找人擔保，因爲他要讓對方知道，他的產品就是保證！

和設計師通宵工作後，公司的團隊終於以誠意與用心，贏得了對方的認同與肯定，最後在沒有任何擔保的情況下，簽下了第一份合約。自此，李嘉誠正式打入歐洲市場，展開更龐大的事業。

「大事本來就是從小事做起，然後自然能一步步邁向理想目標。」

從這句話便足以看見李嘉誠的成功遠景，其中不僅說出了他的處世態度，也清楚點明了他的執著不懈。

從小塑膠廠老闆到商界巨人，從小事開始，一步步累積經驗，李嘉誠這位商界奇才和所有成功人士一樣，都是靠著堅定的意志積極向前邁進。一路走來他們不靠投機，唯有腳踏實地，就算偶爾出現的好運氣，也一樣用實力保住。

人生到處是挫折和考驗，他們的成就沒有我們想像中那麼易得，但也說明了，想成功並不是那麼困難，只要秉持「堅強」與「堅持」的信念，路總會照著我們的計劃，鋪設到既定的目的地。

PART 4

現在就是你
開始的最好時機

只要繼續努力，夢想希望一定可以實現。
人生任何時候都是最好的開始，
年齡絕不是退縮的藉口，
更不是勇氣降低的理由。

在人生的道路上，沒有人不帶傷

仔細回想，誰不是經歷了跌倒、疼痛後才展開自己的人生？給自己一個堅強的新容顏，勇敢面對生命中層出不窮的失意、挫折。

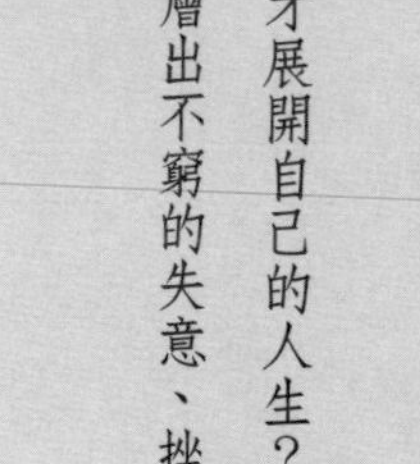

走在路上，我們難免會摔跤，因爲長長一條道路並不易鋪平，再加上我們的慌張與不小心，難免會在凹凸不平處跌得渾身是傷。只是，心疼自己身上的傷痕時，我們除了怨天尤人，還有什麼事可以做呢？

當然有了，我們可以要求有關單位把路鋪好，更可以由我們自己親手將那些讓人摔跤的凹洞填平，並再一次叮嚀自己：「走路要看路，凡事謹慎小心，才能走得平順又安穩。」

英國勞埃德保險公司曾在拍賣市場上買了一艘破船，這艘船一八九四年下水，在大西洋航行時曾經有一百三十八次撞上冰山的紀錄，還有一百六十六次的觸礁經驗，期間還遇上祝融十三次，並被風暴扭斷桅桿二百零七次。

雖然這艘船遭遇這麼多危險，但是始終都沒有沉沒。

勞埃德保險公司基於它的不可思議經歷，以及在保險方面可以帶來可觀收益，最後決定把它買來捐給國家，現在這艘傷痕累累的船就停泊在英國薩倫港的國家船舶博物館裡。

保險公司的這個捐助動作，後來甚至還影響了一個失意的觀光客，也是因爲這個觀光客，讓船舶博物館裡的船隻從此聲名大噪。

這名觀光客是位律師，當時他剛打輸了一場官司，不久之後他的委託人竟選擇自殺，雖然這不是律師的第一次失敗，也不是他遇到的第一次自殺案例，然而每當遇到這類情況時，他心中總會出現沉重的負擔，甚至是罪惡感。

「唉！我到底該怎麼安慰那些失意人呢？」律師苦惱地想著。

站在薩倫船舶博物館前，律師心中還是充滿煩惱，直到走到那艘歷經各種苦難的「破船」，仔細地看完了船的歷史，突然間眼神爲之一亮，心想：「我應該建議他們來看一看這艘船！」

接著，他把這艘船的歷史抄寫下來，並連同這艘船的照片一塊兒掛在他的律師事務所裡。從此，每當委託人請他辯護，無論輸贏，他都告訴他們：「別氣餒，你們先去看一看這一艘船，之後再回來找我談談吧！」

結果如何？

結果成效非凡，因爲每個人最後的結論都是：「它讓我們知道，在大海中航行的船，沒有一艘是不帶傷的！」

「在大海中航行的船沒有不帶傷的」，把這句充滿深刻體物的話與你我的人生連結，不也可以這麼說：「在人生道路上沒有人不帶傷的！」

其實，仔細回想你我的人生，誰不是經歷了跌倒、疼痛後才展開自己的人生？其中，甚至不乏有人出生之時便經歷了生死關頭，因而從此開啓了與衆不同的人生過程。

重新再站起來並不難，看一看傷痕累累的船身，再對照我們淚水淋漓的臉龐，你是否有新的啓發呢？

韋斯曾經寫道：「挫折決定你的人生是否能在困境的時候發生轉折。」

一個不曾遭遇挫折的人，遇到困境的時候，通常會不知所措，但是一個曾經經歷挫折的人，在面對困境的時候，卻會越挫越勇。

因爲，這些曾經遇過挫折的人，懂得將在挫折之中所產生的「抗壓力」，用來做爲克服困境的原動力。

失敗一次，不代表一輩子再也沒有成功的機會。從現在起，不妨擦乾眼淚，給自己一個堅強的新容顏，勇敢面對生命中層出不窮的失意、挫折。身上的傷總有癒合的時候，在那之後，便是我們靠自己的意志力重生的時刻！

逐步累積，必能抵達目的地

只要我們確定計劃，一步步認真累積前進的步伐，也懂得適時休息，一定能如期走到夢想中的目標。

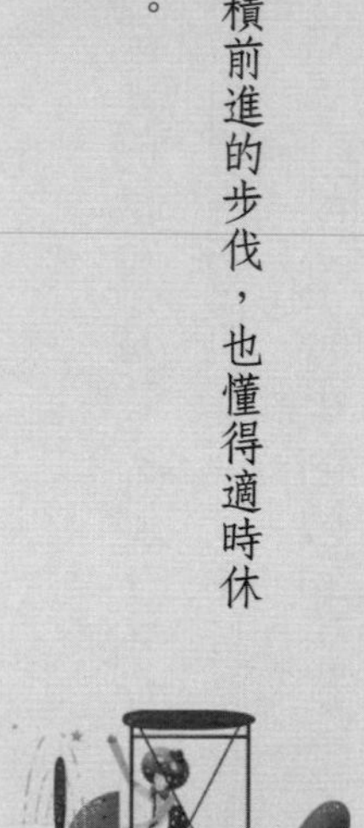

沒有人理應過貧窮的生活，只要我們整理好自己的心態，只要我們有決心改變，生活就一定能看見改變。

因爲，每個人都能突破眼前的困厄，每個人都能選擇過自己想過的生活，前進的路也許不容易，但是一步一步累積總能達到！

二十六歲時，戴維斯忽然失業，再一次得過著挨餓的生活。在此之前，他曾在利物浦、伯明罕、曼徹斯特等地流浪，當然也嚐盡貧窮與饑餓的滋味，因而身旁的人認爲，他應該能適應眼前的困境。

但事實並非如此，如今身處繁榮的倫敦，失業的情況讓他備感壓力。戴維斯實在不知所措，他自知：「我的能力有限，恐怕很難找到工作吧！」

有一天，戴維斯在大街上碰見一位紳士，曾經在小報社工作過的戴維斯，一眼便認出這人是英國著名的經濟學家恩里克，他的第一份工作便是採訪他。戴維斯看著眼前的偶像，心想：「他應該忘記我了吧？」

沒想到，恩里克看見戴維斯時竟說：「嗨！你叫戴維斯吧？工作忙嗎？」

戴維斯瞪大了眼，旋即想到恩里克的問題，他實在不知道要怎麼回答他，只得含糊道：「嗯，還好。」

「這樣嗎？我就住在第二十八號大街，就是百老匯路轉角的一間旅館，要不要與我同行？」他問戴維斯。

「二十八號大街？離這有點遠耶！」一大早起來到現在已經走了五小時的戴

維斯，早就累得想坐下來，或躺在公園椅的子上休息一下。

「遠？是誰告訴你這裡離我住的旅館很遠呢？其實，只要走過幾條馬路就到了。」恩里克說。

「好，我跟你去，真的不遠嗎？難道我記錯了？」戴維斯懷疑地問。

「朋友，我沒有說要回旅館，我是想到第四十九號街的一家射擊遊樂場走走，那個地方挺不錯的。」恩里克說。

果然如恩里克所說的，他們只走過幾個路口就到了射擊遊樂場。這時，恩里克忽然說：「還是到別的地方吧！」於是兩人起身離開。

接著，他又對戴維斯說：「現在，只要再過十五個馬路口就到倫敦戲院了。」

戴維斯不解地偏著頭，忽然有種被耍的感覺。不久他們來到了倫敦戲院，恩里克說：「等一等，我想看看那些買票的觀衆都是些什麼人。」

「走吧！我的困惑已經解決。」幾分鐘之後，恩里克走出來對戴維斯說。

就這樣，他們兩人走走停停，又走過了二十個路口，來到百老匯路口！

這一天，戴維斯所走的路比平時上幾十倍，往常在這個時候，他早已筋疲力盡，但奇怪的是，走了快一整天，卻一點也不覺得累。

最後，兩人終於走到了旅館，恩里克這時笑著對戴維斯說：「不會很遠吧？走吧！一起去喝杯咖啡，如何？」

戴維斯點了點頭，這時恩里克對戴維斯說：「朋友，今天走過的路，你可要牢記在心中啊！」

「這是生活藝術，也是生活教育，無論你與你的目標距離有多遙遠，請別擔心，一開始你只需要把精神集中在前方八條街口那兒，距離很短，容易接近，然後接著一次前進一點點，千萬別對那個遙遠的未來目標感到困惑，因爲那只會使你煩悶、擔心，甚至是失望啊！」恩里克說。

十年之後，那些他們一同走過的馬路和街景全變了樣，但恩里克說得那個生活哲學，卻一直深深地影響著戴維斯，更無形中幫助著他走過好幾個難關，突破了好幾次生活困境。

有兩句話我們都很熟悉，一是「好像很遠吧」，二是「恐怕很難吧」。的確，每當有新的課題出現在我們眼前，大多數人心中最常出現的，極少是肯定的語句，反而總是出現一個又一個的問號，時而懷疑自己的解決能力，時而只找藉口推託，但繼續逃避下去，對我們又有何益？

生活是一門藝術，懂得從美麗角度欣賞不同藝術品的人，自然知道怎麼縮短成功的路程，知道選取解決難題的最佳角度。

想著「一百里路」當然遠了，但若是想著先走完「一里路」，壓力自然就減輕許多，目標也變得容易達到。

每件事都要條理分配，每天累積的步伐也要有所規劃，不要要想一步登天的事，也別再逞強執著於一口氣完成的奇蹟，那只會讓自己更容易受挫，更容易失去自信心。

能累積一步是一步，只要目標確定，那個目標就不會遠離我們的視線，接下來，只要我們確定計劃，一步步認眞累積前進的步伐，也懂得適時休息，如此，一定能如期走到夢想中的目標。

有好的態度才會得到好的機會

不知道謙虛學習的人，對公司來說始終都是一個負擔。若是自恃高，不願與人協商溝通，就很容易犯下錯誤的行為與決定。

找工作不難，難在我們不知道調整好自己的態度去爭取、把握機會。

很多時候，我們失去機會的原因，不是因爲人事的現實，而是我們在工作中不自覺的輕忽怠慢與自以爲是的態度。

所以，在質問別人不給機會前，請先問一問自己：「我有什麼本事拿下那個機會？又有什麼資格可以不必經過努力累積便坐上那個高位？」

他是一位擁有博士頭銜的亞裔留學生，畢業後決定留在美國工作。

然而，這頂高學歷的皇冠卻成了他的阻礙，比起一般大學畢業的新鮮人，他的機會卻少上許多。

原因便在於他把皇冠擦得太亮了，還讓它閃耀出刺眼的光芒，無怪乎面試官們一個個都受不了他的「光芒」而拒絕深談。

「又一個不識才的傢伙！」這天，面試又遭到婉拒，這名博士對著朋友氣呼呼地吼叫著。

友人忍不住嘆氣說：「你這樣怎麼找得到工作呢？非高職位不幹，職位稍低，你就說人家看不起你，你可別忘了，你什麼經驗也沒有，有什麼資格向人提出那麼多要求呢？」

「我是博士耶！」這位大博士說。

「博士又怎麼樣？初出社會，誰都是平等的。高位子得要慢慢堆疊上去，你才能坐得平穩啊！」友人說。

聽完朋友的話，他回到家中想了一夜：「是啊！我一點經驗也沒有，憑什麼提出那麼多要求！先進門，再談其他吧！」

第二天早上他來到職業介紹所再次填寫個人資料。這一次，關於他的博士學歷，關於他應得的薪資待遇都沒塡寫，因為他決心要從低處爬起，並要創造讓人眼睛為之一亮的驚奇！

過沒幾天，他接到通知，總算被錄用了，職位是「文書處理員」。雖然這職位對一個博士來說，根本是大材小用，不過他很清楚這份工作得來不易，況且既然決定給自己一個新的開始，其他的就不再多想。

經一段時間的互動接觸後，老闆慢慢地發現：「這個年輕人能力很好，會不會我看錯了他的資料，把他擺錯位子呢？」

有一天，老闆對他說：「你的能力遠超過了一般高職生啊！」

博士笑了笑，接著亮出他的學士證書，老闆明白地點了點頭，還當場給他一個更適宜這個學位的職位。

然而，又過了幾個月，老闆覺得他比一般的大學生還要能幹，因爲他時常提出許多獨到的見解，這時他再亮出碩士證書，當然職位隨即再次被調升。

等到他亮出博士證書時，老闆更破例請他到家中吃飯。在老闆盤問下，他終於說出隱瞞的原由。

第二天一上班，老闆立即當眾宣布他的新職位，「從今天起，他就是本公司的副總經理。」

類似的故事在我們身邊不斷地出現，刻意隱藏學歷的人也越來越多，其中有像故事中主角以低掩高的情況，當然，也不乏以假學歷遮掩低學歷的情形，只是學歷真有那麼重要嗎？

從故事中，想必聰明的你已經發現問題的重點，機會之所以錯過他，只有一個原因，那便是他的「態度」。現代社會中，不少高學歷的人找不到工作的原因，其實都和故事中的博士一樣，頂著高學歷的光環，事事眼高手低，求職的態度傲慢，因而讓面試官心生不悅，不願讓他們加入。

再試著從公司的角度想想，不知道謙虛學習的人，只會停留在某個層次，對公司來說始終都是一個負擔。無論本事有多好，若是自恃過高，不願與人協商溝通，就很容易犯下錯誤的行爲與決定，最終損失的不只是個人，有些時候還可能會影響一間公司的存亡。

因此，老是找不到工作的人，不妨回頭仔細反省一下自己的求職態度與工作態度是否正確。別忘了，團隊之中沒有人是絕對高高在上的，再有本事的人仍有不足處，只要我們能以謙和的態度面對，懂得尊重與服從上司，自然會得到更多揮發才能的空間與機會。

現在就是你開始的最好時機

只要繼續努力，夢想希望一定可以實現。人生任何時候都是最好的開始，年齡絕不是退縮的藉口，更不是勇氣降低的理由。

作家毛姆曾經寫道：「一經別人打擊，就喪志失意，甚至放棄努力的人，永遠是個失敗者。」

日常生活中，我們最常犯的錯誤，就是拿別人的評價來增添自己的困擾，消耗寶貴的時間和精力，久而久之，不但活在苦惱之中，也使得自己變得越來越缺乏自信。

被人瞧不起的時候，千萬不要對未來感到悲觀和沮喪，反而要更加努力，把眼前的際遇當成是希望來臨之前的曙光。

二十多歲才到美國的海茵絲，只受過六年的基礎教育，因此，無論在表達能力上或是英語會話，都非常糟糕。

一想到自己在美國的競爭實力如此薄弱，海茵絲更加積極學習，她知道年齡不會是學習的阻礙，只要肯用心，一定可以在這個競爭激烈的國度裡走出自己的一片天。

一開始，她找了一份幫傭的工作，從中開始學習基本的會話能力。

五年後，海茵絲的英文能力不僅提升了，銀行裡也有了一筆積蓄，這時她決定將兩個孩子接到美國一同生活，然而，就在她準備回國帶孩子過來之前，卻爲了繳納稅款而耗光了所有積蓄。

在不得已的情況下，海茵絲只好暫時擱置接孩子們到美國的計劃，繼續努力工作，三年後她總算有能力帶孩子過來了。

一直從事傭人工作的海茵絲，從來不因爲自己的工作而感到自卑，反而積極利用閒暇時間學習，其中還包括她夢想的醫學。

當教育程度檢定證書頒下後，海茵絲立即來到當地的大學報名，因爲她希望能早日實現心中的夢想。只是，人生難免會有些阻礙，由於她受教育的情況有限，校方不願意錄取她。

海茵絲了解情況後，只說：「好，我一定會補齊所有證書。」

成功企圖心相當強烈的海茵絲，很快地便拿到A級畢業證，接著便積極地洽詢各地方醫學專業學校，然而，無論她走進哪一間醫學院，每一所學校的答案都是：「對不起，您已經四十歲了，年紀似乎有點大了！」

不過，對海茵絲來說，年齡當然不應該是成功的阻礙，即使沒有人願意幫她，她仍然堅持努力下去。

後來，她終於遇見願意幫她圓夢的人，約翰·霍普金斯大學的主任看了她的成績，也了解她整個奮鬥過程，決定錄取她，並全額補助她的學費，好讓她能安心地學習研究醫學。

人生的最佳時機是在什麼時候？

有人會說越年輕越好，也一定有人會說雙十年華最佳，當然也有人會認為等年紀大一點後再說，但是不論哪一種看法，目的都是為了找到人生最好的開始時機，而最終目標也都是為了能達到成功未來。

只是答案如此分歧，似乎反而更讓人困惑，畢竟分屬不同年齡層的你我，不管選取哪一個答案，還是會遇到不同程度的侷限，那些不只是年齡問題而已，還包括了能力與實力等等的囿限。

這些問題，其實也發生在海茵絲的身上，只是她為何仍能成功呢？

原因很簡單，因為面對「人生最佳時機」這個問題時，在海茵絲的心中只有一個答案，那便是「現在」兩個字！

即使是一眨眼便來到四十歲的人生分水嶺，她也從未考慮退縮。為了讓夢想實現，她一步步地緩慢累積，即使花費了比一般人還多的時間，她也從未悔後過，更從未有過埋怨與放棄的念頭。

因為她知道，只要繼續努力，她的夢想希望一定可以實現。

正是憑藉著這樣無比堅強的決心和毅力，讓已經四十歲的海茵絲，仍能堅定意志繼續向前進。

雖然海茵絲不斷被人們拒絕，但故事中充滿了鬥志與企圖心的她，始終都相信自己一定會成功！

人生任何時候都可以是最好的開始，年齡絕不是退縮的藉口，更不是勇氣降低的理由，只要不選擇閉上眼睛，我們就一定能打開自己人生的窗口，看見成功的未來。

把心中的希望傳送給每一個人

身為師長，除了耐心教導每一個程度不同的孩子之外，更要讓每個孩子相信自己的未來充滿希望，並讓他們知道如何將希望傳送出去。

人跟人之間的互動很玄妙，一顆心是否眞誠，他人都能確切體會與明瞭。是敷衍還是用心，是欺瞞還是坦白，一句話、一個眼神便能清楚表示。

想得到人們的敬重與肯定，你的心意要眞誠，然後人們便會從你的行事作風中看見你的自信，進而願意聆聽你的請託，回應兩方合作的意願。

今天是威廉正式展開大學教授生活的第一天。他帶著一點不安的心情走進教室，微笑著向學生們問好：「同學們，早安！」

但是打完招呼後，威廉的微笑卻慢慢地變得僵硬，因爲這麼一大班級的學生，竟沒有人回應他一句話，誰也不出聲，有人甚至還自顧自地和其他同學聊天，根本無視他的存在。這下子可讓這位教育新手慌了手腳，只見他忙亂地翻找準備好的課程資料，然後結結巴巴地講授今日課程。

威廉站在台上感到來有些孤單，台下沒有一個學生專心聽講，讓他十分洩氣。就在此時，威廉注意到第五排有位身著墨綠色小洋裝的女同學，竟端端正正地坐著，而且十分專注地看著他，看來她是唯一專心聆聽他講課的學生。

女孩微笑地看著威廉，讓威廉像似吃了顆定心丸，忍不住對著女孩微微地點了點頭。這時，那名女同學棕色的眼睛更加明亮了，也精神飽滿地回以溫柔的微笑，這促使威廉慢慢緩和了他的緊張與慌亂，鎮定地繼續講授課程。

每當威廉講到某個地方時，便會看著女同學，只見她總是很認眞地點著頭，偶爾出聲說：「嗯，對！」

然後，便見她埋頭努力地將老師說的話記下，這一切看在威廉眼裡，更讓他慢慢地重拾自信，因爲威廉從她的眼神中得到這麼一個訊息：「老師，我很認眞地聽講，所以請您務必要全心教我喔！」

威廉開始只對著她講課，往日的自信神采與教學熱情漸漸回來了。又過了一會兒，威廉把專注於女孩的眼睛移開，再次望了望教室內其他角落的同學，竟然發現，其他學生也開始認眞聽講了，而且和那名女同學一樣非常努力地做筆記。

是哪個女同學幫助他渡過難關？下課後威廉查找上課名單，知道她叫莉亞妮。後來仔細看過她的作業，威廉發現這孩子的創造力讓人驚艷，對於各式各樣的事物都十分敏感，表現出來的談吐和機智也有著優雅與幽默智慧。

不久，威廉要求全班每一位同學都要撥空與他聊一聊，當然他更期待與莉亞妮見面的時刻，他將告訴她：「孩子，因爲有妳，老師才能重新找回信心，未來，請好好發揮妳那體貼他人的心思，因爲它能給人們溫暖和希望。」

女學生的專注眼神不僅使威廉重拾自信，也喚起了他的教學熱忱。從他的轉變過程中我們不難發現，原來人和人之間的互動就是這麼簡單，一個眼神或一個小動作就能強烈影響一個人。

這個影響還讓威廉建立起老師的威嚴，想像著他專注教導女同學時的自信與認眞，我們似乎也感受到教室裡積極且熱情的教學氣氛。

沒有人會拒絕他人給予的熱情，一如威廉積極講課後得到的回應。其實教育不難，孩子的活潑雖然常讓人傷透腦筋，但只要找到方法，只要我們把熱情傳遞出來，孩子們自然會感受到那份用心，服從我們的教導。

「把希望帶給每一個人吧！」教育的宗旨便在這幾個字，每個孩子的學習能力不同、領悟能力不同，身爲師長，除了耐心教導每一個程度不同的孩子之外，更要讓每個孩子相信自己的未來充滿希望，並讓他們知道如何分享，如何將這個希望傳送出去，進而讓這個社會到處都充滿希望與生氣。

「人和」是經營團隊的第一要件

實力堅強不代表可以目中無人，團隊生活中，最重要的不是辦事能力，而是與人的溝通能力。

團隊合作當然比一個人孤軍奮戰更容易取得勝利，若是人心各異，如何能使團隊發揮成效？

我們不要妄自菲薄，也不能傲視一切，對人始終要謙虛交往、誠意溝通，用自己的積極與肯定帶動別人。希望擁有一個充滿和善與活力的團隊或社會，便得從我們自己跨出這一步。

凱麗是某家化妝品公司的行銷人員，臉蛋長得非常漂亮，口才也很好，因而在部門裡的業績總是遙遙領先其他同事。

雖然在這個部門裡大都是與她年紀相仿的女孩們，但是她卻從來都不與同事們交流往來，總覺得：「那些人的素質和我相差太多了，拉業務時聽她們嗲聲嗲氣的就讓人作噁，而且她們那樣費力賣弄風騷，業績還不怎麼樣！」

打從心底瞧不起她們的凱麗，暗地裡經常對其他友人這麼說。

不久，她們部門的經理跳槽到另一家公司，公司要重新物色一名經理來接管部門，表現優異的凱麗自然是最熱門的人選之一。

董事們正在開會中，其中一名董事便說：「這幾個人的工作能力肯定沒有問題，不過現在選的是經理，不僅要有好的業績，更要善於與人溝通。經理畢竟是團隊的主管，要有組織大家共同創造的能力，還要是大家都信任而且願意服從的對象。」

於是，董事會決定以民意爲基礎，讓行銷部門的員工自行票選經理，結果是一名最被凱麗看不起的女同事奪得經理位置。

總票數出來時，凱麗十分尷尬，因爲她的票數只有二張，一張當然是她自己投的，至於另一張，後來那個投票的人解釋說：「因爲我有閃光啦，竟然把3看成了8了！」

在這幽默的結局中，我們不難感受到凱麗挫敗之後的羞愧，然而這個恥辱，其實也是她自己造成的。

實力堅強不代表可以目中無人，團隊生活中，最重要的不是辦事能力，而是與人的溝通能力啊！

現實生活中，不少人也和凱麗一樣，常不明白爲何自己能力非凡，卻始終坐不到主管位子。

其實，原因很簡單，這則故事很清楚地告訴我們：「想成為領導人物，最重要的不是你有多少本事，關鍵在於你是否有凝聚人心的能力。」

反觀凱麗，徒有好能力，待人接物時卻總是表現出傲慢的態度，不知道團體合作中最重要的團隊精神，總想獨佔功勞，也經常自以爲自己才是最重要的，不懂與人分享成就，也不知道分工合作，試想，有誰願意與她合作？

肯溝通，明瞭「人和」，才是最佳的領導人才，這應是凱麗最後得到的啓發。那也盼望著能坐上主管位子的人，是否也明白了「人和」的重要呢？

有真心就會遇見真朋友

問別人能不能真誠對待前，不妨先問一問自己是否願意真誠付出。想得到人們的真心交往，別忘了先展露出自己的誠心。

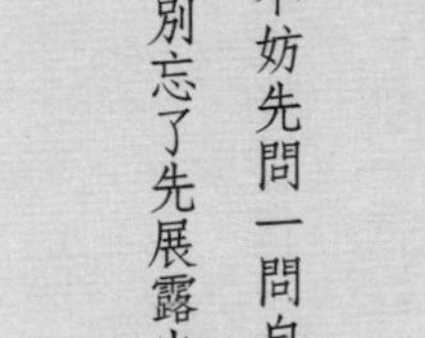

成功者在回顧人生時，最常想到的並不是功成名就後的安穩生活，他們最常憶起的，常常是「大家同甘共苦的那段日子」。

在最沒有利害關係時在一起的朋友，的確最讓人懷念。在那個只有扶持沒有計較的時候，一杯熱茶就能支持我們度過一整個冬天，一顆救命饅頭便能讓我們得到一輩子的力量。

某座城裡住著一名家財萬貫的富翁，但他不是一出生就如此富有，小時候他的家境其實十分窮困，過節時，多數孩子們擁有的新衣、壓歲錢或炮竹等等，全與他無緣，他唯一擁有的，便是從小與他分享一切的同伴們。

對他來說，小夥伴們無私眞誠的幫助是最珍貴的寶物。那時，他與朋友們小手牽小手、有糖果分糖果，不管大家手中有多少東西，都少不了他一份。

「在別人眼中，我的生活是最匱乏的，但事實上，我是最富足的！」富翁經常這麼對家人說。

這時，富翁離開家鄉已三十年了，在這段時間裡，世界上有許多事情都變了樣，當年的窮小子已成富翁。

經過三十年的奔波勞碌，富翁越顯穩健、精明且魅力非凡。但是，不管世界怎麼變，他始終懷念當年的「單純」與「眞摯」。於是，富翁決定回鄉探訪。他走遍全村，感謝叔伯的幫助，更感謝兄弟姐妹們爲他分擔照顧父母的責任；他送遍禮物，「謝謝」聲更是一聲接一聲。

夜裡，富翁在住家擺桌宴客，來赴宴的全是當年和他一起光著屁股長大的玩伴們，如今他們一個個也步入中年了，人人手裡都帶著禮物出席，更熱烈地談論著彼此現今和昔日的對比。

正當大家熱熱鬧鬧吃菜喝酒時，一個老朋友走了進來，手裡也提著一份禮物。他一出現便急著道歉：「對不起，我來晚了，這瓶酒請笑納。」

富翁起身接過朋友的酒，然後熱情地拉著他到自己身邊坐下，這時卻見朋友的臉上閃過一絲慌亂。或許那是心虛吧！因爲在這些朋友之中，就屬他的成就最低，甚至連生活都比富翁當年還差！

朋友們都知道他的情況，富翁也知道，但富翁一點也不以爲意，只見他舉起朋友帶來的酒說：「我們先喝這瓶吧！」

於是，他邊說邊爲大家斟酒，接著大伙一聲「乾杯」，便暢快飲盡。

「味道怎樣？」富翁問道。

沒想到，朋友們此時卻面面相覷，默不作聲，至於帶酒來的老朋友則滿臉通紅地低著頭。這時，富翁忽然朗聲說：「這些年來，我走過很多地方，也喝過各式各樣的好酒，但卻沒有一瓶酒比得上今天這瓶酒，這麼好的味道，實在讓人感動不已……」

說著，富翁站了起來，拿起酒瓶再一次為大家斟酒，「來，再乾一杯。」

喝完之後，卻見富翁的眼眶濕了，現場的朋友也跟著紅了眼眶，他們雖然知道嘴裡的分明是「水」，但仍然跟著富翁說：「的確是好酒！」

有人找了一輩子都不見能得到知己知音，但有人在人生旅程上卻不乏推心置腹的摯友，之所以會有這樣的結果，只有二個字可解，那便「真誠」。

故事中，富翁真正富足之處，並非讓人羨慕的有形財寶，而是那一段段讓他滿心感激的誠摯友誼。

常說患難見真情，人的確只有在非常時候，才能看見真情與良善。

生活在這個以財富、地位評價成就的社會中，我們常常困在自己編就的巢穴裡，埋怨看不見人的眞心，得不到人們單純的心，但事實眞是如此嗎？還是我們忘了打開自己的心，用心與人交往所致呢？

故事中那一瓶「好酒」，含在衆人口裡的酒精濃度想必比眞酒還高，因爲那份眞誠友情讓酒瓶裡的水自然發酵，並在每個人的肚子裡熱烈燃燒著。

老朋友再聚，仍能看見對彼此的關懷心意，是否也感動了你？

問別人能不能眞誠對待前，不妨先問一問我們自己是否願意眞誠付出。想得到人們的眞心交往，別忘了先展露出自己的誠心，誠懇對待朋友，我們自然能感受到像富翁一般的富足人生。

每個意外都是最好的安排

只要我們能勇敢向前，能積極生活，生命中的每個挫折和每個意外插曲，都會是你我人生中的最好安排。

走過從前，然後再回頭看看，不知道你看見了什麼？

人生中，不管流了多少淚水，不管結成了多少傷疤，只要我們走過後還能積極向前，還能展露微笑，那麼，這樣的人生肯定會有個精采的結局。

感謝生命中的那些挫折！我們害怕的困境與難題，有時正是上天給予的最佳際遇。畢竟沒有吃過苦頭、沒有面臨難題，我們又怎能了解解決問題時的喜悅，又怎麼會知道，原來跨越過難題之後，再也沒有什麼難題能難倒我們。

在歐洲某個城市裡，人民過著悠閒而快意的生活，這裡地方不大，人口也不多，執政者是一個不喜歡做事的伯爵。

伯爵平時沒有什麼嗜好，除了打獵以外，最常做的事就是和參謀微服出巡，而參謀處理政務之餘，很喜歡研究人生的道理，最常掛在嘴邊的一句話便是：「一切都是最好的安排！」

有一天，伯爵又興高采烈地到野外打獵，威風凜凜地追趕一頭大花豹。

「颼」的一聲，利箭不偏不倚地射中花豹的頸部，接著便見花豹應聲倒地不起。射中獵物的伯爵十分開心，眼看花豹躺在地上久久沒有動靜，便急急忙忙奔到花豹身邊檢視，然而就在這個時候，出乎眾人意料之外，花豹竟瞬間躍起，使出最後的力氣猛然朝著伯爵撲去。

千鈞一髮之際，隨從及時趕上，大刀一揮，花豹登時身首異處。伯爵驚險地脫離了豹口，只是小指頭被花豹咬掉了一小截。

回城堡以後，伯爵越想越不開心，找來參謀飲酒解愁。參謀笑著說：「伯爵，少了一小塊肉總比少了一條命好！想開一點，一切都是最好的安排。」

伯爵凝視著參謀說：「你真認為這一切都是最好的安排嗎？」

參謀說：「沒錯，伯爵大人，如果我們能夠超越一時的得失成敗，這一切確實是最好的安排！」

伯爵說：「如果我要殺了你呢？」

參謀依然微笑著說：「如果你堅持的話，我深信那也是最好的安排。」

伯爵一聽，斥聲說：「好，來人啊！你們馬上把參謀推出去斬了！」

只見侍衛畏畏縮縮地上前架起參謀，將他拉往門外，然而就在這個時候，伯爵忽然後悔，連忙大叫一聲：「慢著，先抓去關起來！」

參謀見狀，笑著說：「嗯，這也是最好的安排！」

過了一個月，伯爵的傷好了，為了體察民情便獨自出遊。

走著走著，伯爵來到一處偏遠的山林，山上忽然衝下一群臉上塗著紅黃油彩的蠻人，一看見伯爵，便合力把他綁回高山上去。今天正值滿月，原始部落在這天都要下山找一個活人獻祭來祭拜女神。

被五花大綁的伯爵，見狀連忙哀求道：「我是個伯爵啊！你們快放了我，我會賞賜你們金銀財寶的！」

但是，不管他怎麼呼叫，蠻人們始終不理睬他。這時大祭司出現了，當衆脫光了伯爵的衣服，看著這細皮嫩肉的身體感到非常滿意，因爲今天要祭拜的滿月女神正是「完美」的象徵，祭品必須沒有殘缺或傷疤。

大祭司從頭到腳仔細品評伯爵的身體，不料卻發現，伯爵的左手小指頭竟少了小半截，恨恨地咒罵：「把這個廢物趕走，重新捉一個回來！」

伯爵被釋放後便拔腿狂奔，回城後連忙吩咐：「快把參謀放了！」

「這一切果眞是最好的安排！」伯爵一見剛被釋放的參謀，立即這麼說。

參謀笑著說：「恭喜，您對生活的體驗又更上一層樓了。」

這時，伯爵忽然問參謀：「說我僥倖保住一命，確實可說是『一切都是最好的安排』，可是你無緣無故被關了一個月，這又該怎麼說呢？」

參謀說：「伯爵，您將我關在監獄裡確實也是最好的安排啊！如果我沒有被關在監獄裡，那麼陪伴您出巡的人不是我嗎？當蠻人發現伯爵不適合時，我或許就成了他們獻祭的供品了。所以，很感謝您將我關進監獄裡啊！」

翻開我們的人生日誌，生活中的每一段經歷，雖然有悲有喜、有苦有樂，但回顧前因後果，走至今天，應當沒有人會否定，這一切都是最好的安排吧？

因意外少了截指頭的伯爵，雖然當下氣憤難當，但隨後因此化險為夷的結果，便是要告訴我們，生活有失便有得，就好像參謀雖然被委屈地關進牢房，但轉念間，卻成了老天護佑他的最好安排。

所以，微笑看待人生吧！戲劇有高低潮，生活當然也會有成功與失敗的起伏，不然我們的人生劇本怎麼會精采？只要我們能勇敢向前，能積極生活，生命中的每個挫折和每個意外插曲，都會是你我人生中的最好安排。

PART 5

面對問題，才能早日解決問題

越拖越久，不過是讓自己的痛苦加長罷了，

不如現在鼓起勇氣，積極面對問題。

早一日面對問題，就能早一日解決困境。

生活不會只有一個標準答案

生活沒有任何答案是唯一的，一個問題應該配搭二個以上的可能答案，如此，我們才能選擇出最適用於自己的人生方向。

生活一旦出現問題，別急著找到解答，更別急著尋找別人解出的答案，因爲人生沒有哪一條路是唯一可行的。

不要執著相信唯一的標準答案，因爲這些答案並不見得適用於自己。

步調別走得太快，試著走慢一點，說不定你很快地便能看見與眾不同的解答，讓自己的人生有更多的可能性。

一九六九年諾貝爾物理學獎的得主蓋爾曼教授，曾經引用過華盛頓大學教授卡蘭德拉的一篇文章，那是關於氣壓計的故事。

蓋爾曼教授引用這篇文章的最主要目的，是爲了向人們解說「唯一標準答案」的疑惑。

故事中，卡蘭德拉教授出了一道題目給學生：「請試著證明，如何用一個氣壓計測量一個高樓的高度。」

題目一出，便有學生立即實驗，其中有位學生將氣壓計拿到高樓屋頂，然後將氣壓計綁在一條細長的繩子上，接著便把氣壓計從樓頂往下垂掉，直到氣壓計垂吊至地面上。

這個方法實在太簡單，太可笑了，於是有人便嘲笑這個學生：「這個笨方法未免太過愚蠢。」

也許有人要問，那麼還有什麼方法呢？

其實，方法還很多，但無論哪一個方法，卡蘭德拉教授都說：「這道題目並沒有唯一的標準答案，因爲解題的方法非常多，無論如何你們都得找出更多元的答案出來。」

對於第一個想出笨方法卻被嘲笑的學生，卡蘭德拉不僅誇他反應迅速，更鼓勵他繼續找出其他解題的方法。沒想到，在老師的鼓勵下，這位學生果眞又想出了許多有趣的測量方法和技巧。

蓋爾曼之所以引用這個故事，是爲了讓人們知道：「我的成功方法只有一個，那就是不讓自己侷限在唯一的標準答案中！」

世界上本來就沒有什麼東西是絕對的，但是，爲什麼我們老是只給自己一個標準答案呢？

因爲，我們已經習慣了「一個標準答案」的生活，一旦多給了自己一個方向，許多人就會站在十字路口猶豫徬徨，不知道該選哪一個方向前進。

生活其實也像科學實驗，一如蓋爾曼所強調的：「不要給自己唯一的標準答案，因為那只會讓我們處處受限，甚至看不見新的科學領域。」

成功的道路不也如此？

就像攀爬高峰一般，峰頂雖然只有一個，然而我們在山下卻有許多條路可以選擇，無論我們是跟著前人走過的古道，還是自己發覺新的捷徑，只要最終能達到高峰，每一條路都會是最好的選擇。

生活沒有任何答案是唯一的，一個問題應該配搭幾個可能答案，如此一來，我們才能選擇出最適用於自己的人生方向。

面對問題，才能早日解決問題

越拖越久，不過是讓自己的痛苦加長罷了，不如現在鼓起勇氣，積極面對問題。早一日面對問題，就能早一日解決困境。

生命不可能沒有創傷，人生不可能都是坦途，應該試著把挫折當成生活的調味料，如此它才可能扮演人生的轉折。

遇到難題時，我們東藏西躲有何用？問題始終存在，最後還不是要從角落走出來，並想辦法解決它？

雖說現在面對與等到明天再面對，不見得有很大的差異，但如果我們現在能面對難題並想辦法解決，我們便能多一天地輕鬆自在！

有個年輕人正值人生巔峰，但是老天爺卻偏偏選在這個時候考驗他，在一次健康檢察後，他發現自己罹患了血癌。

頓時，他的人生像似跌落到了谷底，而且是暗無天日的深谷，看不見希望，也看不見未來。

「我不要治療，我不要……」

親友們和醫生費盡唇舌鼓勵他，希望他能早日接受化學治療，但是年輕人始終心存抗拒將人拒於門外，心裡想著：「我還有希望嗎？沒有了，我的人生已經走到終點，我的生活再也沒有任何意義了！」

年輕人輕生的念頭越來越強烈，對他來說，既然注定要與死神見面，不如早一點和他打交道算了。

一天午後，年輕人從醫院逃了出來，漫無目的地在街上遊蕩，秋風正起，陰鬱的氣候更讓他更感悲傷。

這時，遠方傳來一陣略帶嘶啞卻豪邁的樂器聲，像似在呼喚年輕人接近似的。只見年輕人慢步移動，音樂聲越來越近，年輕人也看見了表演者。

表演的樂手是個雙目失明的老人家，手中正把玩著一件磨得發亮的樂器，此外，他的前方還放了一只杯子，杯中擺了一面鏡子。

「對不起，請問這鏡子是你的嗎？」年輕人好奇地上前詢問，因為杯裡該放的是錢幣，他正猜想著不知是哪個沒良心的人胡亂擺放。

老人家停下表演，微笑地點了點頭說：「是的，樂器和鏡子是我的兩件寶貝！音樂是世界上最美好的東西，所以我靠著它來自娛自樂，它讓我可以感覺到生活是多麼的美好。」

年輕人似乎也感受到老人家的好心情，不自覺地跟著點了點頭。

「至於鏡子，我只是希望有一天會有奇蹟出現。事實上，我一直都堅信會有那麼一天的，有一天，我將用這面鏡子看見自己的臉，所以我隨時隨地都帶著它！」老人家堅定地說。

年輕人一聽，整個人呆住了，受到了強烈的震撼，心想一個盲眼老人尚且如此熱愛自己和生活，反觀還年輕、還有希望機會的他卻自動放棄……

突然間他醒悟了，幾乎是以狂奔的速度回到醫院，接著積極地接受治療。雖然每次化療都讓他痛苦萬分，但從那之後，他再也沒有逃跑的念頭了，他堅強地忍受一次次痛苦的化療。

最後，真的出現奇蹟，年輕人的身體開始好轉，身體也越來越健康。

「面對人生，要有積極樂觀的心，和屹立不倒的強烈信念。」這是故事中的老人和年輕人與我們分享的生命啓發。

所有的勇者傳說故事都說明一件事，勇者走在人生的低谷，甚至走到生命的盡頭時，除了相信奇蹟外，最重要的是他們不放棄生命的執著。

一如故事中的盲樂手，明知杯子裡的鏡子是用不著的，但他始終不願放棄希望，等待奇蹟發生的信念，促使他決定讓生命發光發熱，也堅決要讓生活充滿歡樂的樂音。

看著盲樂手的樂觀、積極，不妨細細反省自己，一點小挫折便呼天喊地，一點小傷口就大聲哭泣，除了突顯自己的膽怯、懦弱之外，哭泣叫喊對我們究竟有多少幫助呢？

天大的問題發生了，選擇逃避根本無用，因爲我們始終都要面對它，一如故事中的年輕人，逃出醫院後，仍得面臨渾身的病痛，那麼，何不現在便面對它，早日把問題解決呢？

別忘了，拖越久，不過是讓自己的痛苦加長罷了，不如現在鼓起勇氣，積極面對問題。畢竟，早一日面對問題，就能早一日解決困境，也能早一日脫離痛苦、享受歡樂。

每個生命都有獨特的影響力

沒有人不喜歡被鼓勵，因此遇到性格乖張的孩子，我們若不希望他們未來成為社會負擔，就要更有耐心地指導他。

希望從來都是由生命本身賦予的，你給別人一份希望，別人接著將這份希望再分享出去。換句話說，完美世界是靠著你和我一同建造完成的，少一個人的力量都不行。

覺得世界偏斜了嗎？別悲嘆你所看見的，只須正視它，然後要告訴自己：「偏了無妨，因爲我一定能把它糾正好，而且只有我才行！」

有位滿頭白髮的女老師退休後到一個著名的景點旅行。在當地，她聽說有一位叫春樹的男孩在十六歲那年曾投海自殺，所幸被警察發現救起，那年春樹的父母因故雙亡。

回顧春樹的童年，不少人只知八卦男孩母親風花雪月的故事，顯少有人同情春樹的遭遇，甚至還有人罵他是個雜種。這位老師聽說後，要求要與春樹見上一面，警察了解老師的來意後，也同意她與男孩談一談。

「孩子！」她說話時，春樹硬是扭過頭去，全然不理會對方。

但是，女老師並不氣餒，依然用十分溫柔且慈祥的語調說：「孩子，你知道嗎？你生來就是要爲這個世界做些事情，而那些事除了你以外，沒人能辦到，你知道嗎？」

女老師反覆說了好幾遍，一會兒，少年忽然回過頭，問道：「妳在對我說嗎？妳指的是像我這樣沒有用的人，一個連父母都沒有的孩子嗎？」

女老師和藹地點了點頭說：「對，但是你不是個沒用的人。孩子，正因爲你沒有父母，所以你能做某些很了不起的事！」

春樹冷笑道：「哼，妳想我會相信妳那一套嗎？請妳用腦袋想一想，一個什麼都不是，什麼都不會的廢物能幹些什麼啊？」

「孩子，有些事眞的就只有你能做。要不然你跟我走，我會讓你看見你自己的本事。」女老師堅定地說。

後來，老師把春樹帶回自己家中，還教他在自家菜園裡工作。儘管兩個人生活清苦，但女老師對春樹呵護備至，生活在這樣溫暖的家中，春樹的性格慢慢地出現轉變，個性也越來越謙恭，脾氣也越來越好了。

這天，女老師拿了一些春樹不知道的蘿蔔種子要他耕種，這其實是一種生長十分迅速的新品種，只要十五天蘿蔔便能發芽生葉。但春樹不知道，這個成果讓他十分得意，對自己的肯定也跟著蘿蔔的成長速度迅速增加。

春樹眞的改變了，臉上也出現了屬於年輕人獨有的青春朝氣。女老師幫助他進高中唸書，不過下課後，春樹仍然堅持要照顧菜園並做其他家事。

高中畢業後，春樹找到一份白天的工作，晚上仍在夜大繼續深造。畢業後，他到一所中學任教，也像女老師那樣對待那些即將參加考試的學生，那顆充滿關懷與溫柔的心可說是與女老師一模一樣，同樣溫暖人心。

「我要用赤誠的心去影響我的學生，因爲我現在已經相信，眞有別人不能，只有我才能做的事了。」有一天，春樹激動地對女老師說。

「孩子，只有眞正了解痛苦滋味的人，才能以同理心盡力爲別人付出。還記得你十六歲時候，其實最需要的就是有人愛你，如果我沒有猜錯，正因爲得不到人愛，所以那時候的你才會尋死吧？」女老師問道。

春樹點了點頭，接著老師又說：「孩子，你現在走出來了，也有了自己的一片天，我知道，你還有顆別人沒有的愛心。現在開始，請好好愛護你自己的學生，有一天你便能從他們臉上看見感激的光采，等你到了我這個年紀，你便會像我一樣驚喜於生命的無限價值。」

「你生來就是要爲這個世界做些事情，而那些事除了你以外沒人能辦到，你知道嗎？」當老師對著春樹說出這句話時，你是否也爲之心動？聽見這句話後，你對自己是否有了不一樣的期勉和自許？

從這個故事，我們再一次明白每個人都需要被鼓勵，在愛的教育中，這也是經常被人們提出討論的方法。

正因爲每個人都喜歡被鼓勵，因此遇到性格乖張的孩子，我們若不希望他們未來成爲社會負擔，就要更有耐心地指導他們。一如女老師照顧春樹一樣，沒有激烈的衝突畫面，每一個引導動作都很輕柔，因爲女老師知道：「越是叛逆的孩子，越需要愛。」

女老師用愛感化了一個孩子，也可以說是她的愛爲這個世界救回了一個孩子，當春樹說出自己也要以相同的愛心去影響別人時，正代表他明白了生命的可貴與珍貴，更明白每一個生命都是獨一無二，都是最重要的。

透過這兩個動人的身影，相信你已領悟到了生命的意義，也得出了怎麼珍視自己，怎麼勉勵他人了吧！

尋找不同的切入角度

找機會時，要避開人們習慣走的思路，從另一個角度切入，才能在旁人還搞不清楚狀況的時候，早先強勢地佔有這個市場。

我們都知道一窩蜂的缺點，更清楚一窩蜂跟進後的危機，但是跟著一窩蜂後還是有人贏得勝利，你知道是什麼原因嗎？

答案很簡單，那便是從不同的角度切入。

例如，同樣是甜甜圈，有人可以想出裹了七彩果糖的甜甜圈，有人則將外表與名稱結合，創造出一個個「幸福甜甜圈」。

事物或許是固定的，但人的腦袋卻是活動的，只要我們肯多動點腦筋，說不定下一個創造甜甜圈奇蹟的人就是你。

很多很多年前，有一則小道消息悄悄地在人們口中傳播著。

那年，美國有一條穿越大西洋海底的電報電纜，因爲破損需緊急更換。這時，有位沒沒無聞的珠寶店老闆聽說後，緊急連絡負責單位，請求對方無論如何都要將那條報廢的電纜線賣給他。

沒有人知道這個老闆的用意，衆人只覺得他腦袋一定出了問題，「一條破電纜線還有什麼作用？還花那麼多錢買下，他根本是瘋了！」

老闆不管人們的閒語，靜靜地關起珠寶店的大門，回到家中，耐心且細心地將那條電纜洗淨、弄直，然後再將內線一一分類，並剪成一小段一小段的金屬條。

接著，他還買了不少手工飾品，然後用那些金屬條將之串起，最後裝飾成一件件精美的紀念物出售。

「這是用大西洋海底電纜線製成的紀念品，非常具有紀念價值！」

老闆打出難得的海底電纜手工藝品，而且是限量發售，廣告一推出，便湧進大批人潮，這個當初人們不屑一顧的廢物，轉眼便成值得收藏的寶物。

就這樣，老闆輕輕鬆鬆地發跡致富，接著他以賺得的錢買下了歐仁皇后的一枚鑽石，那顆淡黃色的鑽石閃爍著稀世的光彩。這時人們又心生疑問了：「他是想自己珍藏，還是想以更高的價格轉手賣出？」

結果，老闆沒有私藏，也沒有哄抬價格出售，只見他不慌不忙地籌備了一個珠寶首飾展覽會，其中最重要的展示品，當然是「皇后之鑽」。

可想而知，人們爲了一睹皇后之鑽的風采，從世界各地湧進展覽場，讓他毫不費力地賺進一筆又一筆的財富。

故事說到這兒，你一定很好奇這個人是誰吧？

這個聰明老闆便是美國赫赫有名，享有「鑽石大王」美譽的查爾斯·路易斯·第里尼，出生時，他只是個磨坊主人的孩子呢！

一次又一次的商機，在旁人看來實在費猜疑，但是從鑽石大王查爾斯的角度來看，他不過是勇於嘗試各式各樣的機會。

一條廢電纜線該如何重獲新生？從中，他看見了世界僅有、穿越大西洋的電纜線具有的紀念價值，也發現了資源回收再利用的好處，因而讓這一段段廢棄電纜，從人們視如敝屣準備丟棄的東西，轉而成爲最具價值的紀念寶貝。

深諳消費者心理的查爾斯，就這樣推出了令人動心的小東西，一步又一步，以獨到的遠見與生意頭腦，創造了一次又一次的巨大商機。一如後來的那顆鑽石，珠寶與展覽館之間該如何串連？查爾斯再次發揮創意，一樣輕敲群眾的好奇心，因而能製造話題、引領風潮。

看到這裡，覺得生活困頓的你是否也得到啓發了呢？

經商者的觀察要敏銳、思維要寬廣，當別人還未看見商機時，要早人一步發現機會；當眾人都看得見其中關係時，還能看見隱隱其中的其他商機。

找機會時，要避開人們習慣走的思路，從另一個角度切入，才能在旁人還搞不清楚狀況的時候，早先強勢地佔有這個市場。

不要讓環境限制自己的人生

只要我們自己不放棄，任何外力也阻擋不了我們的成功企圖，任何困頓的環境都只是鍛鍊我們克服難關的考驗。

如果，你的生活充滿顛簸，請別皺著眉頭大聲埋怨，也別覺得別人老是瞧不起自己。因爲這樣充滿磨難和挑戰的日子不是人人可以得到的，若不是老天爺想給你特殊的體悟，你恐怕很難得到這樣的寶貴機會。

所以，就算眼前的生活辛苦一些又何妨？

只要你肯用心體會，便能感悟到老天爺想給予你的人生啓示，和一個可以讓你實現夢想的秘訣。

據說，英國名作家狄更斯有個嗜酒好客的父親，由於父親揮霍無度，讓小狄更斯從十歲開始，便得一肩扛起沉重的家計。

曾經在皮鞋坊當學徒的狄更斯，雖然非常嚮往讀書，然而現實的環境實在不允許他有這個念頭，但好學的狄更斯並不氣餒，不斷告訴自己：「我總算讀過幾年小學，只要我肯努力自修，相信一定能成功的。」

十五歲那年，狄更斯進入了一間律師事務所工作，經常被派任送信工作，幾乎走遍了倫敦的大街小巷。

十六歲那年，他憑藉著實力，成爲倫敦某報館的採訪記者，這裡不僅讓他有機會深入了解人性灰暗與社會黑幕，更讓他鍛鍊出卓越的筆功，從此也開啓了他寫作之路。

扣除採訪與寫稿的時間，其餘時間，狄更斯幾乎都在大英博物館裡唸書充實自己。也許是看透了世間的炎涼，在從事新聞工作的同時，狄更斯更將所見所聞與心裡感受，充分地表現在他的文學創作之中。

往來於街頭巷尾，人們經常看見狄更斯坐在路邊與一些衣衫襤褸的人聊天，有時則會在工人酒吧裡與人們交談，甚至，他還曾經走進監獄裡與即將行刑的囚犯聊天。

「我必須走入社會，我必須走進人群，我想要了解那些窮苦人家的生活，更想分擔他們的喜怒哀樂。」

正因爲這樣的理念，狄更斯寫了多部巨作，因爲作者的用心體悟與觀察，讓後來的人無論是讀到《雙城記》還是《塊肉餘生記》，無不驚訝於其中的眞切情感與人物寫實，似乎這些苦難與生命仍然活生生地繼續著。

每當看完了一則故事，在你心海裡出現了什麼樣的漣漪？

對於經歷過生活磨難的狄更斯來說，每個人的人生雖然不盡相同，但是生命本質其實有著一點共通點，那就是：「不斷地磨練，不斷地學習。」

從社會大學裡重新開始，這對失去正規教育的狄更斯來說，無疑是他成就人生的最重要方法之一。

其實，對照我們經常讀到的偉人傳記，不難發現那些從小失學的成功者，他們唯一且最好的受教環境，全都來自於「社會大學」。因爲，他們知道，每個人的開始原本就會有所差異，但是每個人最終都要從現實社會中重新開始。

所以，沒有好的成長背景又何妨，只要我們自己不放棄，任何外力也阻擋不了我們的成功企圖，任何困頓的環境都只是鍛鍊我們克服難關的考驗。

你看過《雙城記》嗎？又是否讀過了《塊肉餘生記》呢？

儘管狄更斯寫實地將生命的艱苦血淋淋地呈現出來，但他也沒有忘記告訴人們：「生命再怎麼辛苦，我們也要堅強走過，即使人間充滿悲苦，我們始終都要爭取活下去的機會。」

人的一生當中，難免會遇到各式各樣的困難和挫折，想要成功，就必須學會勇敢面對。千萬不要選擇逃避，應該試著把那些磨難、挫折當成重要的轉折。

不要再輕易錯失良機

當你懂得把握機會時，機會才會幫助你發揮所長，就像放風箏一樣，如果你不懂得捉住起風的時機，又如何能讓風箏飛得又高又遠呢？

喜歡抱怨的人，總是隨波逐流，不願透視表象之下的眞象，無形之中忽略了發掘自己眞實的能力，也一再錯失良機。

當寶貴的機會在你面前出現時，你是抱著懷疑、駐足不前的態度，還是積極地加以把握？

有個美國麻省理工學院的畢業生，名叫奧斯卡。

他將舊式的探礦器、電流計、磁力計、示波器、電子管和其他儀器重新設計組合，發明了一種可以勘探石油的新式儀器。他還實際運用了這款新式儀器，在美國西部的沙漠地區探勘到石油。但是，幾個月後，委託他探勘石油的公司，卻因無力償付積欠的債務而宣告破產。

於是，奧斯卡被迫踏上歸途。在沮喪的心情下，他站在奧克拉荷馬城的火車站前，面對未來，一股消極的心情將他緊緊地籠罩著。

由於他比預訂搭乘的時間早到了好幾個小時，爲了排解煩悶，本能地在火車站旁架起他的新式探礦儀器，藉以消磨時間。

沒想到當他搭架好後，儀器上的指示針竟清楚地顯示出，該車站地下竟然蘊藏著非常豐富的石油。

但是，對於正遭受打擊的奧斯卡來說，他完全不相信老天爺會在此刻眷顧他，對自己鬧起了脾氣，一怒之下還將儀器給踢毀。

「這裡不可能有那麼多石油！不可能！這絕對是不可能的事！」他十分煩躁

地喊著。

然而，就在不久之後，人們眞的發現了奧克拉荷馬城地下蘊藏著豐富的石油，甚至可以誇張地說，這個城市根本是漂浮在石油之上，但是，這個石油的發現者卻不是奧斯卡！

錯失良機的奧斯卡，事後才悔恨不已地說：「機會眞的稍縱即逝。」

雖然機會不等同於成功，但是，你不捉住機會，就一定不會成功。

天助自助者，當你願意努力，懂得把握眼前的機會時，機會才會幫助你發揮所長，就像放風箏一樣，如果你不懂得捉住起風的時機，又如何能讓風箏飛得又高又遠呢？

別讓機會白白溜走，再好的機會，也是因爲你有能力鑑別，願意掌握，它們才會眷顧你，因此，給自己多一點信心吧，如果再這麼錯過了，恐怕下次再也等不到了！

態度，決定你幸不幸福

生活幸福與否，完全取決於你的態度。無論在多麼艱困的環境裡，都要保持信心，那麼你自然會找到開心生活的入口！

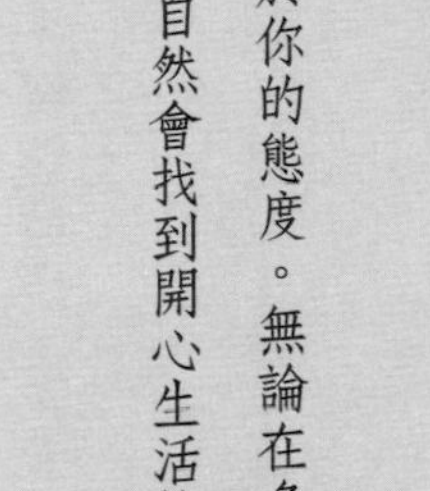

生活裡的喜怒哀樂全掌握在你手中，如果你用哭臉過生活，那麼你的生活中必然只有哭喪與苦澀。

因爲，你用什麼樣的態度和角度看待人生，你的人生自然就會以你所設定的方向前進。

當年，巴黎鐵塔正在建造地基的時候，某報社的一名新聞記者，特地到工地現場訪問那些工人。

「您從事這個工作，覺得有什麼意義嗎？」記者首先問了一位五十歲左右的老工人。

老工人回答說：「有什麼意義？不就是賺錢養家！」

記者又問旁邊一位年輕的小伙子說：「您呢？對此次建造鐵塔的工作，您有什麼特別的感受？」

「這個工作還可以啦！不過，比起賽馬場、舞場等環境就差多了。反正，做一天就拿一天的錢，還可以啦！」年輕人毫不在乎地說笑著。

當記者在工地轉了一圈之後，突然發現，在一個又髒又亂的角落，有一位小伙子正揮著汗，拼命地努力工作。

記者也向他提出了相同的問題，這位年輕小伙子竟毫不猶豫地回答：「當然有意義了！」

他停了一下，認眞地說：「您看，現在我正在挖土、搬運的地方，將會建起一座史無前例的大鐵塔，全法國的人都會登上它，世界各地的人也都會慕名而來。而我，能爲這樣一座偉大的鐵塔奠基，當然意義非凡囉！將來，等我老了，我會帶著自己的子孫們來參觀，我會告訴他們建造的經過，讓他們也以我爲榮。」

當瓶中的酒只剩一半的時候，你是悲觀地嘆口氣說：「唉！就只剩一半了！」還是樂觀地說：「呵，我喝了一半，還有一半呢！」

生活的幸福與否，完全取決於你的態度。

無論現實是平順還是困難重重，只要保持信念，你便能開心地工作，並且離自己的目標越來越近。

別忘記，無論在多麼艱困的環境裡，都要保持信心，那麼你自然就會找到開心生活的入口！

先做好準備，才能放心面對

做好準備，才能臨危不亂！想輕鬆前進，想充分表現自己的能力，那麼在機會或危機來臨前，便要做好充足準備。

習慣臨時抱佛腳的人，一定不明白輕鬆面對的快樂；常讓自己處在擔心慌亂情況的人，想必非常渴望能微笑解決問題。

其實，想擁有這樣的功力並不難，先想像未來可能出現的危機，或計劃中準備實踐目標所需要的能力，然後從現在開始先做好準備。

如此，等到目標接近時或眞的遇上危機時，我們自然能從容不迫地解決問題，輕鬆抵達目的地。

有隻野狼正悠閒地躺臥在草地上磨牙，遠遠地走來一隻狐狸。

狐狸熱情地邀請野狼：「今天的天氣眞好，我們正在另一塊草地上玩樂，你要不要也加入我們的行列呢？」

野狼抬頭看了狐狸一眼，卻沒有給任何回應，低下頭繼續磨牠的狼牙。

狐狸看著野狼，實在不了解牠爲什麼非得把牙磨得又尖又利：「我說大野狼啊，現在森林如此安靜，獵人和獵狗也早就回家了，至於大夥最害怕的虎王，現在也很少在附近徘徊，一切如此平靜安全，一點危險情況也沒有，你爲何還要那麼費勁兒地磨牙呢？磨牙那麼好玩嗎？」

聽見狐狸這麼問，野狼停下動作，總算給了回應，但卻老大不高興地說：「我磨牙並不是爲了好玩！」

「不然，你沒事幹嘛磨牙？」狐狸問。

「朋友，危機隨時都會發生的，請你仔細想一想，若是有一天我不幸遇上獵人或老虎，平時根本沒做好準備，直到那個緊急時刻才想到要磨牙，試想這樣來得及嗎？」野狼說。

聽見野狼這麼問，狐狸一時呆住，不知道要怎麼回應。

野狼知道狐狸還不明白，接著又說：「平時做好萬全準備，才能放心面對。我先把牙齒磨利，萬一眞的遇到危險時刻，我便能保護自己了，不是嗎？」

「危機隨時都會發生，所以要做好準備，才能臨危不亂！」這是野狼告訴狐狸的生活叮嚀，同時也提醒我們走在人生道路上，要事先做好準備，才能隨時準備面對挑戰。

人生戰場如此，夢想戰場更是如此，沒有做好準備，不管我們怎麼行動，也不管我們朝哪個方向前進，恐怕不必危機出現，我們便會因爲心生畏懼而退縮，甚至失誤連連。

道理很簡單，仔細想一想，當我們自知能力不夠時，主管卻要將重要任務交給我們，心裡的恐懼想必轉眼即生。

要是我們對自己的信心不夠充實，覺得自己的能力有所不足時，機會一到手中，除了擔心害怕之外，恐怕鮮少有人有勇氣硬著頭皮向前衝吧？

挫折往往來自錯誤的選擇！想輕鬆前進，想充分表現自己的能力，那麼在機會或危機來臨前，便要做好充足準備。

別以爲平時用不到利牙，就不再磨牙，這樣當危機逼近或機會降臨時，將會失去應付突發狀況的利器。

PART 6

用微笑面對別人的嘲笑

面對別人的嘲笑，

輕鬆地自我解嘲比惱羞成怒

更能展現我們的包容力和成熟度。

用微笑面對別人的嘲笑

面對別人的嘲笑，輕鬆地自我解嘲比惱羞成怒更能展現我們的包容力和成熟度。

有位作家曾經寫道：「一個人在情緒起伏的時候，再擁有如何清晰的思緒，也會變得混亂不堪。」

千萬別讓情緒影響思緒，遇到惱人的人，不妨把他當成激勵自己更上層樓的貴人；遇到讓自己不悅的事，不妨把它當成砥礪自己的磨刀石。

聽見嘲笑聲，我們大方地微笑以對吧！

能夠看淡人們情緒性的嘲笑與辱罵，不僅更能表現出我們的肚量，也更能在別人脫序的情緒中，爲自己空出冷靜的思考空間，並領先他們一步。

美國總統福特在大學時期曾是橄欖球隊的一員，愛好運動的他，六十二歲入主白宮時，身材看起來仍然十分挺拔且活力四射。

一九七五年，福特到奧地利訪問時發生了一個小意外，那天他從飛機的旋梯走下來時，不小心被絆倒了。只見他雙腳一滑，忽然跌倒在跑道上，所幸身體硬朗的他很快地便跳了起來，表示自己沒事。

沒想到，記者們竟將這件事當笑話新聞來處理，甚至還有人開始傳說，福特總統不僅行動不靈敏，而且笨手笨腳的。

從這次意外開始，每次福特總統一有意外發生，便會被人們誇大渲染，到了後來，甚至他什麼事都沒發生，也要被記者們嘲笑一番，例如哥倫比亞廣播公司便曾這麼報導：「我們一直等待著總統再次撞傷或扭傷，這類新聞才能吸引更多的讀者！」

更有電視節目的主持人故意模仿總統的滑跤動作，不過這一次卻引來總統府新聞秘書聶森的抗議。他憤怒地對記者說：「福特總統是位十分健康且優雅的人，他可是歷年來身體最好一位總統啊！」

後來福特聽說這件事，便笑著對記者們說：「我是個喜歡活動的人，當然比任何人都容易跌跤囉！」

有一天，他在記者協會上與著名主持人蔡斯同台，節目開始時，蔡斯先出場，只見他模仿著福特總統出現的神情，忽然，他像被東西絆住了，咚的一聲跌坐在地板上，接著又整個人滑向了另一方。

台下觀眾一看，都知道蔡斯故意在模仿總統，由於非常逼眞，全忍不住捧腹大笑了起來，連福特總統本人也被逗笑了。

輪到福特總統出場時，沒想到意外又發生了，因爲他的衣角被桌子勾住了，接著他雙手高舉，桌上的杯盤與稿紙等全都掉到了地上。觀眾一看，以爲福特總統也是故意搞笑的，於是現場又是一陣哄堂大笑。福特總統則瀟灑地擺了擺手，微笑地對蔡斯說：「蔡斯先生，您果然是位專業的演員！」

面對別人惡意的嘲笑，輕鬆地自我解嘲，遠比惱羞成怒更能展現我們的包容力和成熟度。

不要認定這是別人惡意的折磨，從正面的角度思考，這正是考驗自己的應變能力，讓自己成大器的好機會。

無論是因爲自己的不足，或是因爲出錯而引來人們的嘲笑，聰明的人都會用幽默回應，因爲，不管對方是有意還是無意的笑鬧，最後也只是想看著我們「惱羞成怒」，然後在情緒的激化下，會不會做出另一個更令人忍不住想捧腹大笑的幼稚行爲。

這是人際交往中最常發生的事，當然也曾經在我們身上發生，仔細地回憶一下，當相同的事情發生在我們身上時，是憤怒比較能掙回面子，還是微笑的姿態更能擄獲人心呢？

實務經驗比學歷高低更重要

高學歷不一定代表經驗豐富，因為經歷必須由我們親自碰撞、累積，這些無法從書本裡獲得。

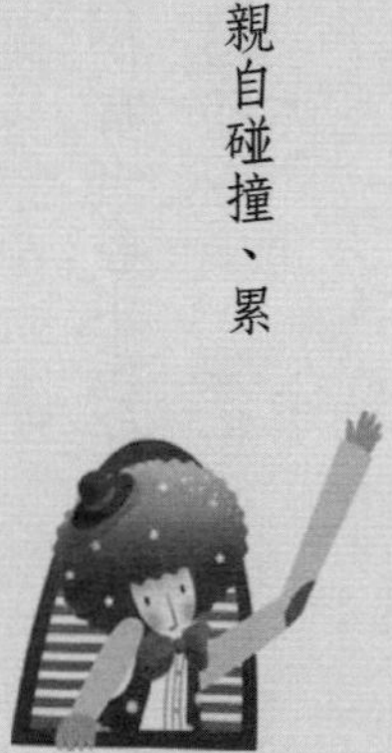

保持柔軟的身段，把週遭難纏的人都當成鏡子，把惱人的事都視爲砥礪自己的磨刀石，通常是一個人邁向成功最有效的途徑。

每個人都有著與衆不同的生活歷練，所以我們要尊重彼此的經驗，並積極互動、交往，才能從中互補彼此生活經驗上的不足。

其實，學歷只是生命經歷裡的一小部份，只要我們能學會尊重有經驗的人，便能少走幾步冤枉路。

有個著名的博士受聘到一家研究所工作，是裡頭學歷最高的一位。

有一天，他到校園裡的小池塘釣魚，正巧遇見所長與副所長也在那兒釣魚，心想：「好像也沒什麼好聊的！」於是，他禮貌性地朝著兩位所長點頭招呼後，便開始準備他的釣魚工具了。

過了一會兒，所長放下了釣竿，接著伸了伸懶腰，看起來似乎有點累了，不久便站了起來，接著竟輕鬆地從水面上如飛般地走向對面的廁所。

這位博士看見所長竟然有如此的好功夫，眼睛睜得大大地，心想：「難道所長懂得水上飄？不會吧？但這確實是個池塘啊！」

不一會兒，所長從廁所走了出來，再次地從水上飄了回來。

只見博士滿臉困惑地看著所長：「這是怎麼一回事？」

博士心中雖然十分困惑，但是卻又不好意思去問，只因爲他認爲：「我好歹是個博士，提出這種問題恐怕會被恥笑。」

過了一會兒，連副所長也輕鬆地展露了一次「水上飄」的功夫，這會兒可把博士弄得更糊塗了：「這是怎麼一回事？難道他們兩位會特異功能？」

忽然，博士也內急了起來，仔細一看，池塘兩邊有圍牆，要到對面廁所非得繞十分鐘的路，但又不願意向兩位所長請教「水上飄」的疑問。

憋了半天，最後他實在忍不住了，竟也起身往水裡跨入，因為他想：「我就不信他們過得了水面，我這個博士卻不過不了。」

忽然，「咚」的一聲，博士整個人跌進了水池裡。

正副所長一看，連忙將他拉了起來，並問他：「你為什麼往水裡跳啊？」只見博士滿臉尷尬地問：「為什麼你們可以在水上飄行？」

正副所長聽了相視笑道：「我們不是在水上飄啦！你不知道這池塘裡有兩排木樁嗎？這兩天因為雨下得很大，正好將木樁淹沒了。雖然被淹沒了，但我們仍然知道木樁的位置，所以可以輕鬆踩著樁子走過去啊！咦？你不知道的話，怎麼不問一聲呢？」

「因爲我是個博士！」當故事中的主人翁心中響起了這個聲音時，我們也預見了自恃過高的人即將面臨的失敗。

高學歷不一定代表經驗豐富，因爲經歷必須由我們親自碰撞、累積，這些無法從書本裡獲得，即使有人們撰文建言，如果我們沒有親身經歷，仍舊很難明白其中的問題與竅門所在。

所以，當故事中的博士狼狽地掉入水池時，相信許多人都忍不住要嘲笑他：「不懂就要問人，何必那麼高傲？」

是啊，不懂就要「問」，即使問題太過簡單又何妨，讓人們笑一笑，從此我們不會再犯，那才是生活上避免犯錯的正確態度。

改變思路，才有更好的出路

每個人都有一顆聰明的腦袋，只要我們願意多動動腦，讓思路多轉幾個彎，都能讓自己有更寬闊的出路。

現代人在爲自己爭取權利的時候，已經太習慣用直接批判來爭取，更習慣用高亢情緒來抗爭，然而一如我們常見的情況，或許很快地得到了回應，但最後卻也造成了人與人之間對立與情感的破裂。

蘇聯有句諺語說：「不打碎雞蛋，就做不成蛋糕。」

的確，在人生的旅途中，或許你有很多自認爲非常棒的想法與做法，但是，如果你不懂得因地制宜，不懂得改變思路，那麼，你可能就會被眼前的環境困住，找不到自己的人生出路。

有一次，詩人但丁出席一場由威尼斯執政官舉行的宴會，會場上的餐點都是由服務生一份又一份地送到參與者的餐桌上。

但很明顯地，這場由官方舉辦的宴會仍然有著階級上的差別待遇，因爲當服務生送來一盤盤魚的時候，但丁發現，在義大利各邦交使節桌上的煎魚又大又肥，而來到自己面前的卻是一隻隻很小很小的魚。

對此，但丁並沒有表示抗議，不過也沒有挾起魚來吃，而是將餐盤裡的小魚一條一條地拿了起來，接著還將它們湊近自己的耳朵，似乎正在聆聽什麼。接著，只見他又將小魚一一放回盤裡，並滿臉肅穆地看著眼前的魚兒們。

這時，執政官看見了但丁的舉動，上前詢問道：「你在做什麼？」

但丁大聲地說：「喔，也沒什麼，我有位朋友幾年前去逝了，當時我們以海葬的方式送他。因爲我很想念他，不知道他現在的遺體是否還在，所以我問問這些小魚們，知不知道他的情況。」

執政官信以爲眞，又繼續追問：「那小魚們說了些什麼？」

但丁說：「嗯，它們說：『因爲我還很小，對於過去的事知道得不多，你不如向同桌的大魚們打聽一下，也許消息會多一些。』」

執政官聽見但丁說「向同桌的大魚打聽」時，恍然大悟地大笑了一聲，然後說：「是，是，我明白了！」

不久，詩人面前便端上了一條全桌最肥美的煎魚。

莎士比亞曾經說：「想法，在結果顯現以前，只能稱之為夢想。」

不論你擁有再如何好的想法，如果不能根據現實加以修正，那麼這個想法就只是一個無法助你達到目標的夢想。遇到障礙卻不懂得改變思路的人，就像一艘不知道見風轉舵的船，永遠也無法達到目的地。

看著但丁絕妙地用「小魚的經歷」表示抗議，以擬人與隱喻的方式埋怨盤中的魚太小，輕巧地避開了主辦單位怠慢客人的尷尬，這個充滿幽默感的表現方式，確實讓人會心一笑。

換做是你，面對他人的不合理待遇時，是否會像但丁一般，在表達自己的不滿情緒時，也顧及別人的感受呢？

想避免生活中的衝突與對立，改變待人處事思路是絕對必要的，在強調個性化的時代，不是直言不諱就不會產生誤解，也不是大膽直接就一定能清清楚楚地將問題解決。很多時候，正因爲太過直接，缺乏待人的關懷或體貼，反而會衍生出更多不必要的怨懟與誤會。

但丁的這則軼事告訴我們，其實每個人都有一顆聰明的腦袋，只要我們願意多動動腦，願意讓思路多轉幾個彎，都能想出借用「小魚與大魚的出生經歷」的幽默隱喻，輕輕鬆鬆地搭起人際間的溝通橋樑，開開心心地化解人與人之間的誤解和對立，讓自己有更寬闊的出路。

別人的意見不要照單全收

不要期待人們的指引，因為那是他們所踩踏的路，並不屬於我們，自己的路就在我們自己的腳下。

英國有句諺語說：「處順境時必須謹慎，處困境時必須冷靜。」

人在徬徨迷惑的境遇中，最容易懷疑自己存在的價値，正因爲胸臆中充滿懷疑，往往不懂得珍惜自己。

遇到困境時，別再等著人們的關愛眼神，也別再期待人們的明白指引，因爲不管他人怎麼引導，那始終都是別人的人生方向，既不適用，也不可能合乎於我們的未來希望。

有位年輕的戲劇創作者來拜訪契訶夫，從包包裡拿出了一個劇本，接著便對契訶夫說：「我想請您幫一個忙，看看我剛新完成的劇本有沒有什麼問題，或是談談您的意見。」

「好！」契訶夫接過本子認眞地看了起來。

劇中，有一場是寫著女工程師與技術員在辦公室內談話的戲，契訶夫指著這場戲問：「能不能將這場戲改在車房呢？這樣應該會更加精采。」

年輕人一聽，連忙點頭說：「好！」年輕人掩不住滿臉興奮的神情，只因爲大師當面提出修改意見。

契訶夫讀了一會後，又問年輕人：「那讓他們坐在公園裡的長椅上，你認爲可行嗎？」

年輕人仍然說：「行！當然行！」

但是，契訶夫忽然皺了一下眉頭說：「或者改在湖面的小艇上呢？」

年輕人一聽竟高興地跳了起來，連忙說道：「好啊！坐在小艇上更美，我馬上就改過來。」

這時，契訶夫嚴肅地說：「那麼……不如請你將這場戲全部刪了。」

原本樂不可支的年輕人聽見大師這句話，像似當場被澆了一盆冷水，一時間呆立站在那兒，不知所措。

只見契訶夫搖了搖頭說：「每一場戲都應該是不可移動的組合，就像人的眼睛一般，沒有人能任意挪動；至於你這場戲，既可以改在公園內，又可以改到小艇上，那只說明了一件事，那就是這場戲根本是不必要的。」

年輕人一聽，頓時臉都紅了，羞愧地說：「我明白了！」

後來，在契訶夫的悉心指導下，這位年輕的劇作家終於寫出了一個又一個屬於他自己的成功劇本。

可以聆聽別人的意見，但是，千萬不能照單全收，我們要有自己的思辨能力，在傾聽批評並修正我們的錯誤時，也能發現批評裡的對錯，才不致於錯聽批評，導致一錯再錯。

記得宗教哲思大家戈齊福曾說：「凡事要以我為中心，而不是以他人為中心。活在他人的期待中，將走不出自己的路。」

換句話說，大多數的人都習慣在「被注意」或「被要求」的狀況中發現或修正自己，只是這一切都是「被動的狀態」，在這樣慣性的被動認知中，我們總是忽略了「自己的感受」，也遺漏了「自己的希望」。

一如故事中的旨意：「你知道你想要的是什麼，然後你才能從我們的看見中，再次看見你真正想要的東西，如果一味地聽從別人的指引，卻不相信自己，那麼你又怎麼可能創造出真正屬於自己的天空呢？」

所以，不要期待人們的指引，因為那是他們所踩踏的路，並不屬於我們，自己的路就在我們自己的腳下，一抬頭，我們便能看見未來的目標。

接受批評才能精益求精

能聽見批評的人是幸福的，因為那不僅能讓你即時發現錯誤，即時改正，更能讓你比別人早一步踏上完美人生的階梯。

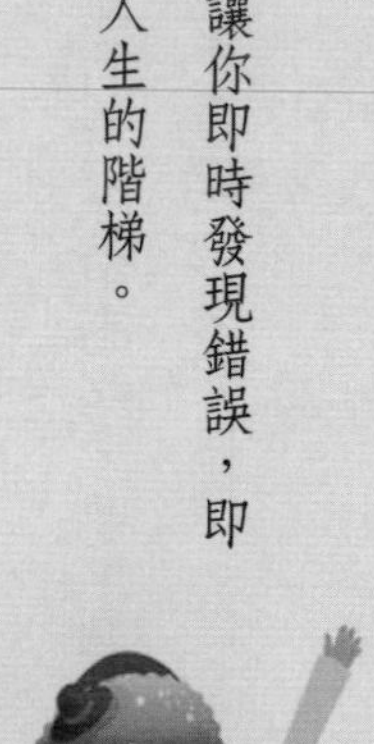

成功者必須面對的批評聲，往往比尋常人多上好幾倍，而他們包容接納的胸襟，也往往比我們寬上好幾倍。

因此，聽到批評的聲音，我們應該這樣告訴自己：「因為我不是完人，免不了會有缺點，所以我必須仔細聆聽人們的批評聲音。」

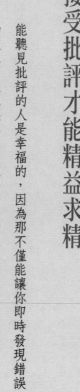

爲協商脫離英國獨立的北美十三個殖民地代表們，正齊聚在會議室裡，他們一致推舉富蘭克林、傑弗遜和亞當斯負責起草一份宣言，執筆者則由才華洋溢的傑弗遜所擔任。

只是自負文采過人的傑弗遜，很不喜歡人們對他有所批評。所以，將《獨立宣言》草稿送給委員會審核時，與起草人一同坐在會議室外等待時，傑弗遜便顯得焦慮不安。

時間不知道過了多久，一直等不到消息的傑弗遜，似乎等得有點不耐煩，忽然站了起來，接著便在原地來回地踱步。

坐在他身邊的富蘭克林，看著傑弗遜焦躁不安，忍不住拍了拍他的背，接著還講了一個年輕友人的故事來開導他。

富蘭克林說，他的這個朋友原本是個帽店的學徒，三年學習期滿之後，便決定要自己開一間帽子專賣店。

首先，他親自設計了一個店面招牌，上面寫著「約翰．湯普森帽店，現金販售約翰製作的各式禮帽」，而文字的下面則畫了一頂帽子。

就在準備請人依樣製作招之前，約翰把設計草稿拿給朋友們看：「你們有沒有什麼意見？」

第一個朋友看了看，認眞地批評道：「你應該把『帽店』刪除，因爲那是多餘的。」

第二位朋友看了，也直接批評說：「約翰，你應該把『約翰製作的』省略，因爲顧客們不會太在意帽子是誰製作的，只要商品質量好、樣式好看，他們自然會購買了。」

第三位朋友看了則說：「去掉『現金』兩個字吧！在我們這裡，很少有人會賒帳！」

於是，幾經刪除之後，設計圖上的文字已經相當精簡，只剩下「約翰．湯普森販售各式禮帽」與手繪的帽子圖。

「販售各式禮帽？」最後一位朋友看了之後，對餘下的幾個字也提出了疑惑。他說：「約翰，『販售』這個字是多餘的，因爲沒有人會指望你送帽子給他啊！」

於是，約翰將「販售」一詞刪除，然後又仔細地看著剩下的幾個字，最後把

「各式禮帽」也刪了，因爲他想：「下面已經畫了一頂帽子啊！」

就這樣，約翰的帽子店終於開張了，招牌掛出來時，上面醒目地寫著「約翰・湯普森」幾個大字，下面則是一頂新潮的禮帽圖樣，對於這個簡單明瞭的招牌，每位進門的顧客們無不稱讚有加。

聽完了這個故事，原本自負且焦躁不安的傑弗遜漸漸地平靜了下來，向富蘭克林點了點頭，表示明白了。

終於，《獨立宣言》草案在衆人們精心推敲、修改後完美撰成，如今更成爲全世界的人們傳頌不朽的民主宣言。

聽見別人的批評，你都如何因應？是怒目相向，是反唇相譏，還是心存感謝，虛心接受並默默反省呢？

從富蘭克林用來安撫傑弗遜的小故事中，我們可以看見「去蕪存菁」的過程，經過一步又一步的刪除，帽子店的招牌不僅越來越明確、清晰，也越來越具有廣告宣傳的吸引力和效果，一如美國獨立宣言草稿般。

沒有人一出手便是完美的，能集眾智總是比單打獨鬥更能把握住成功的第一時機，所以，當傑弗遜明白富蘭克林的勸諫，不僅明白了團結力量的好處，也更懂得接納批評後，自己將擁有的進步空間有多寬廣。

所以，有人說：「能聽見批評的人是幸福的，因為那不僅能讓你及時發現錯誤，及時改正，更能讓你比別人早一步踏上完美人生的階梯。」

一個人抱持怎樣心態，他就是怎樣的人；一個人表現出怎樣行為，他也就是怎樣的人。面對批評所採取的態度，正是一個人最好的寫照，如果你想讓自己更上層樓，那麼就要先改變你對批評抱持的態度。

不要犯了以偏概全的錯誤

任何事都有一體兩面，再大的問題也都會有解決的辦法，只要把問題找出來，客觀地加以檢討，那麼，你就能看到前面的康莊大道。

一個人看待問題的方式，往往決定了他的人生高度。成功人士之所以能夠成功，並不在於身處順境展現多麼優越的能力，而是在於感到徬徨迷惑之時，懂得換個角度看世界。

大多數的人總是不會把握問題的重點，也不會試著將困擾的癥結尋找出來，並一一克服解決，反而寧願讓過往的糾結繼續纏繞心頭，總是帶著遺憾或怨憤過生活。

有位作家說過一段很有意思的親身經歷。

這位作家說，從小他就很喜歡吃青蛙腿。

但是，有一天他到一間餐館用餐時，服務員卻端來了一盤又粗又有腥味的青蛙腿，從那次以後，他就再也不喜歡吃青蛙腿了。

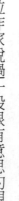

幾年以後，他在一家高級餐廳的菜單上看到了青蛙腿，忍不住問了服務員：「這些是小青蛙腿嗎？」

「是的，先生。」

「你確定嗎？我可不吃大青蛙腿喔！」

「是的，先生！」

「好久沒吃了，如果是小青蛙腿的話，那就爲我準備一份吧！」

可是，沒想到服務員送上這道菜時，卻仍然是粗大的青蛙腿。

這時，這位作家一股怒氣馬上湧了上來，大聲地對服務員喊道：「這些不是小青蛙腿啊！」

「非常抱歉，先生，但是，這些確實是我們所能找到的最小的青蛙腿了。」服務員滿臉歉意地回答。

不過，經過這次事件後，這位作家也開始接受這些大青蛙腿了，他不想讓自己的情緒，老是爲了蛙腿大小而不愉快，甚至還期望能再更大一些。

作家說，這頓飯讓自己學到了寶貴的一課。

他反省自己對蛙腿大小的堅持，其實是因爲有了錯誤的印象。由於之前吃到了不新鮮的粗大蛙腿，使他錯把蛙腿的大小視爲口味好壞的標準，但是，這間餐廳卻讓他知道蛙腿的大小，和牠們的味道無關，只要蛙腿新鮮，烹飪技術好的話，不管大小，一樣可以美味可口。

俄國作家契訶夫曾經寫道：「你知道才能是什麼意思嗎？那就是勇敢、開闊的思想，以及遠大的眼光。」

不具備開闊的思想及遠大的眼光的人，通常都會被習慣性的認知束縛，不願意進行不同的嘗試，也難以承受環境的磨練。

這樣的人，日常生活中一遇到不如意的事情，總是發出各種抱怨。以偏概全是多數人的盲點，一旦在某條路上跌倒了，就不再走那條路，或是認定那條路上有很多的困難或陷阱。

其實，當時的跌倒只是自己的一個閃神，只要站起來後，前面就是一段筆直平坦的道路。

不要再用「以偏概全」的態度看事情了！任何事都有一體兩面，再大的問題也都會有解決的辦法，只要把問題找出來，客觀地加以檢討，你就能看到前面的康莊大道。

勇敢面對人生的六字箴言

「不要怕，不後悔」，正是經過生活淬煉後的人生智慧。只要能謹記這六個字，你的人生也就沒有什麼不可能和遺憾了。

科學家哈里·弗斯特克曾經說：「人生就像一場演奏會，就算你的琴絃斷了一根，你還是要想辦法以剩下的三根絃，繼續把自己的樂曲演奏完。」

不管你面對的是順境或者逆境，這都是你的人生；遭遇不幸、失敗、挫折的時候，唯有設法從逆境超脫，才能創造自己的幸福優勢，否則就會持續向痛苦的深淵沉淪……

有個準備離開故鄉的年輕人，獨自站在故鄉的山上思索著。他遠眺重山，想到要在茫茫人海中獨自奮鬥，心中總有些惶恐和不安。

於是，他來到族長家請求指點。族長聽見這個年輕人想要出去闖蕩，心中非常高興，他說：「孩子，人生的秘訣只有六個字，今天先告訴你一半，相信這三個字就足夠讓你受用半生了。」

老人說完後，在紙上寫了三個字：「不要怕」。

轉眼三十年過去了，這個年輕人已經走到了中年，也獲得了不小的成就，只是，他總覺得有些遺憾。於是，他回到故鄉，希望能再從族長那裡得到新的訓示。

只是，當他回到故鄉時，族長已經去世了，族長的家人拿出了一個密封的信函給他，並且說：「這是族長指定要留給你的，他說有一天你一定會再回來找他。」

這時，他才想起族長曾經說的「人生的秘密」的其他三個字，他拆開信封，裡面果然寫有三個字，那就是「不後悔」。

莎士比亞曾經說：「千萬人的失敗，都是失敗在做事不徹底，往往做到離成功尚差一步，就終止不做。」

其實，想要成功沒有什麼特別的秘訣，只在於永不改變既定的目的，想要成功，也毫無技巧可言，只要你對目前的工作，全力以赴和永不放棄，如此一來，成功就不會遙不可及。

族長的「不要怕，不後悔」，正是經過生活淬煉後的人生智慧。

你我的人生也正需要這個智慧箴言，想開創人生、尋找適合的工作，或是希望將夢想實現，需要的正是「不要怕」三個字；經過深思熟慮後，「不後悔」則是實踐之後應有的態度。

只要能謹記這六個字，你的人生也就沒有什麼不可能和遺憾的了。

把中心點讓給對方站立

無論事情有多困難或有多少阻礙，懂得在第一時間捉住人心，那麼成功目標肯定已完成一半。

愈是睿智的人，愈有寬容的胸襟，樂觀、忍讓、圓融的個性，讓他們成爲眞正出類拔萃的成功人士。

日常生活中，每個人都無可避免地必須與自己不喜歡的人打交道，工作之時也會難免遭遇一些商業談判。

不要先入爲主地認爲對方很難搞，其實人心很微妙，只要採取適度退讓的態度，把中心點讓給對方，就可以達成預期的目標。

在談判的過程中，我們要把對方視爲我們成功的中心，凡事都以對方的利益爲考慮重心，並主動滿足對方的需要。

如此一來，我們才能輕易地得到對方的積極配合，也更能培養出創造共同利益的默契。

有人認爲安德魯．卡內基的成功，是靠著「重視別人的名字」這一點獨特認知而成爲舉世聞名的鋼鐵大王。

據說這個「命名」的創意最早發生在他小的時候，那時還只是個孩子的卡內基和一群孩子們正在玩耍，不久他在草地上發現了一窩小兔子。

卡內基發現小兔子似乎餓了，但是他卻沒有東西可以餵牠們，忽然他想出了一個妙方，只見他對著其他孩子們說：「只要有人可以找到食物餵小兔子，那麼我就用你們的名字來爲小兔子命名。」

孩子們一聽，立即四處找尋食物，而卡內基從中也獲得了不少啓發，特別是在他未來的事業上。

有一年，卡內基為了臥車生意之事和喬治．普爾門爭鬥了很久，當時卡內基的公司與普爾門的公司，為了爭奪聯合太平洋鐵路公司的生意，雙方互不相讓，經過一番廝殺，最後竟造成兩敗俱傷的局面。

有一天，卡內基忽然想起了兒時的這段往事，於是他和普爾門在拜訪完鐵路公司的董事會後，相約在一家飯店碰面。

普爾門一踏入餐館，卡內基立即說：「晚安，普爾門先生，我想，我們還是停止爭鬥了吧！再這樣下去只會出洋相的！」

普爾門一聽，不解地問：「為什麼這麼說？」

於是，卡內基將自己重新計劃好的事，仔細地說給他聽：「我認為我們兩間公司可以合併起來！」

接著，他將合作後的版圖與利益詳加說明，並將爭鬥的壞處仔細分析，然後進一步希望得到普爾門的認同與支持。

雖然普爾門聽得相當專心，但是當卡內基將計劃說完後，他用懷疑的眼神問道：「那這間新公司叫什麼名字呢？」

卡內基毫不猶豫地說：「就叫，普爾門皇宮臥車公司！」

普爾門一聽，立即瞪大了雙眼，漫不經心的神情隨即變成滿臉精神的模樣。他聽到卡內基的「命名」後，立即說：「嗯，等會兒我們再到我的辦公室裡好好地討論一下！」

從心理層面來看，卡內基的成功是必然的，因爲一個懂得捉住「人心」的人，無論事情有多困難或有多少阻礙，當他懂得在第一時間捉住人心，那麼他的成功目標肯定已完成一半。

所謂「攻心爲上」，卡內基緊捉人性的虛榮心理，並退讓地以對方的「名字」作爲代表稱號時，他也很清楚地區別了兩者的內在需求不同。我們也很清楚地看見，普爾門是個名聲重於合作利益的人，而卡內基則是個尋求合作更重於名聲的聰明商人。

從中我們也很輕易地比比較出，卡內基的未來將會超越每一個人的預測。

從故事中，仍然汲汲營營地追求成功的人，又得到了多少啓發？

其實，卡內基的成功定律很簡單，他只強調一件事：「想成功，就要先放開私心，退讓出紅心點給對方站立。」

聰明的人不會只看見圓靶上的那個紅點，他們知道，把紅心視爲圓規的中心定點，然後他便能劃出另一塊伸展無限的「圓」地！

PART 7

挫折只不過是生命的轉折

只要我們能用「樂觀」熨平失意傷痛，
願意用「積極」讓身上的傷疤癒合，
失敗與跌倒我們都不足為懼。

挫折只不過是生命的轉折

只要我們能用「樂觀」熨平失意傷痛，願意用「積極」讓身上的傷疤癒合，失敗與跌倒我們都不足為懼。

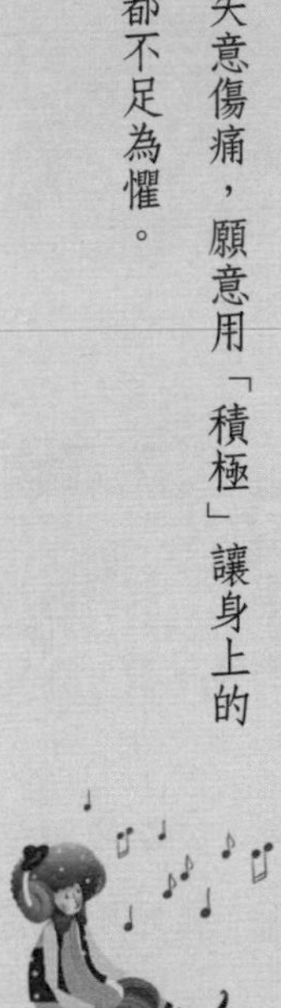

愛爾蘭作家克里斯蒂．布朗曾說：「如果你因為別人的批評、輕視，就自暴自棄，那麼你將永遠站在失敗的這一邊。」

這句話提醒我們不要將別人一時的評價，當成自己的心靈魔咒，而要藉此激發自己的潛力。

千萬要切記，越被別人瞧不起，越要努力，才能讓自己揚眉吐氣。無論遇到多少橫逆，不管遭遇多少災禍和苦難，你仍然是你自己，生命的旅程也依然要繼續！

其實，面對失敗與阻礙，我們的復原能力不差，抵抗困難的本領也很強，只是很多時候我們不想讓自己復原，不想對抗困難而已。

在一次座談會上，有位著名的演說家一開場，便從口袋裡掏出一張二十美元的鈔票，然後高高舉起，對著會議室裡的聽眾說：「誰要這二十塊美元？」只見台下聽眾幾乎全都舉手。

緊接著，他說道：「朋友們，我眞的打算把這二十美元送給你們之中的一位，不過在這之前，請允許我做一件事。」

說完，演說家便將手裡的鈔票揉成一團，然後又問：「誰還要它？」

這回舉起手的人變少了，不過仍有許多人想得到這二十塊錢。

接著，他又說：「好，不過如果我這麼做之後，還有人要嗎？」

說完，他將鈔票扔到地上，然後用腳奮力地踩踏，然後再次拾起這張又髒又縐的鈔票，問道：「這樣還有人要嗎？」

舉起手的人更少了，不過還是有人舉手。這時，演說家笑著說：「朋友們，你們已經上了一堂很有意義的課。

你們都知道，不管我如何對待這張鈔票，你們還是願意接受它，那是因爲你們很清楚，不管它變成什麼模樣，它依然價值二十塊美元，從未貶值。」

「我們的人生不也如此？無論我們遇到多少逆境打擊，受到多少挫折而倒下，或是被多少困厄欺淩、襲擊，都不該因此否定自己。記住，不要看輕你自己，無論你們未來會發生什麼事，或將要遇到什麼麻煩，在上帝的眼中，在你們的心中，你永遠是你，不會因爲任何外在變動而喪失價值。對上帝來說，你們始終是無價之寶。」

「對上帝來說，你們都是無價之寶！」從紙鈔的變化中，演說家以這句話作爲最後結語，道出了人必須以正確的態度看待自己的價值。

無論現在的你幾歲，回想這幾十或十幾年來走過的人生路程，無論是求學時遇到的挫折，還是商場上的成敗，點滴整理起來，大概很少有人是一路平順的，再仔細想想，那些當初讓我們覺得萬分難堪，甚至痛苦失意的事件，後來我們都是怎麼走過的？

仔細想想，然後再好好與今天的生活比較，無論現在的情況比過去更好，還是變糟了，最重要的是，經過這一連串的回想、比較後，眼前的自己到底變了多少？是比過去更加堅強，還是變得更爲脆弱了？

人生就像那張紙鈔一樣，雖然變縐了，雖然曾被人踩在腳下，或是被撕破成二半，但它的價值依然和票面上的數值一樣。

挫折只不過是生命的轉折。被撕破的紙鈔，可以用透明膠帶黏合，縐了的紙鈔，只要小心熨平，也能讓它恢復成新鈔時的模樣。

逃避很容易，但最終只會害了你自己。只要我們能用「樂觀」熨平失意傷痛，願意用「積極」讓身上的傷疤癒合，失敗與跌倒我們都不足爲懼。

只有殘缺的心，沒有殘缺的人

不妄自菲薄，更不要看輕別人，每個人皆有無可取代的價值，只要心不殘缺，那麼他便是完美無瑕的！

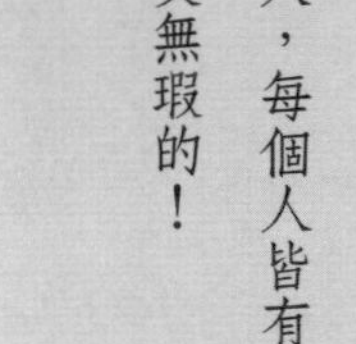

聽見人們笑談怎麼走過悲慘的過往，看見人們樂觀面對身體的不足，你除了充滿感動外，還得到了些什麼？

不管那些人曾經受過怎樣的重傷，也不管他們比四肢健全的人要更加辛苦生活，眼前他們的人生都是完滿健全的！

一出生，身體便出現殘缺的蘭納德，身體不僅扭曲變形，智力發展也比其他孩子遲緩，稍長還罹患絕症的他，雖然被病魔一點一滴地吞噬著，但他的父母仍舊十分努力地扶養他，勉勵他要好好活下去。

智力明顯不如人的蘭納德，十二歲才讀到小學二年級，上課時，不僅會在座位上不停地扭動身體，嘴裡還會不自覺地流口水，甚至還會不時發出「呼吃呼吃」的聲音。

雖然，他偶爾能清楚地表達意見，但是這種情況極少，大多數時候他的表現令布蘭妮老師感到挫折、生氣。有一天，布蘭妮老師終於忍不住了，請蘭納德的父母親到學校溝通。

面對蘭納德的父母，布蘭妮老師不客氣地對他們說：「我認為蘭納德應該到特殊教育學校上學，因為讓他和這些沒有學習障礙的小朋友一起學習，對他來說是件很不公平的事。」

聽見老師這麼說，蘭納德的母親傷心地哭了，蘭納德的父親則說：「布蘭妮小姐，我們明白妳的為難，但妳也知道，這附近並沒有那種學校，如果我們現在把蘭納德轉到別的學校，對他來說將是個沉重的打擊，最重要的是，我們知道他很喜歡這裡。」

蘭納德的父母離開後，布蘭妮獨自在教室裡思考很久，窗外正下著雪，冰冷的雪似乎正滲透到她的靈魂深處。

她雖然同情蘭納德，但一想到蘭納德對其他孩子們的影響，便感到非常無助，一想到得花費那麼多的時間在蘭納德身上，便感到十分不耐煩。

此時，雪忽然停了，陽光照進屋內，布蘭妮心裡忽然湧現一股罪惡感：「上帝，請您幫助我吧！讓我對蘭納德多些耐心吧！」

想起蘭納德母親的淚水，轉念間，布蘭妮做了決定：「算了，我儘量不要理會蘭納德就好。」

從此，布蘭妮不再斥責蘭納德功課成績不佳，也不再制止他發出怪聲音。有一天，蘭納德一瘸一拐地走到講台前，對她說：「我愛您，布蘭妮小姐！」

布蘭妮先是一愣，接著紅著臉說：「這……很好，蘭納德，謝謝你。現在，請你回到座位。」

從此，布蘭妮對蘭納德不再露出厭惡的表情，對他的包容也越來越大。

春天的腳步越來越近，孩子們也開始討論著即將到來的復活節。這天布蘭妮發給每個孩子一顆塑膠彩蛋，並要求他們：「你們把這復活節彩蛋帶回家，記得明天把彩蛋帶來時，得在彩蛋裡裝進一個能夠代表新生命的東西。」

「是！」孩子們異口同聲地答應。

第二天，孩子們興高采烈地來到學校，開心地將手中的彩蛋放進講台上的籃子裡，等著布蘭妮老師和大家分享他們裝進彩蛋裡的「新生命」。

第一顆彩蛋被打開時，布蘭妮發現裡頭是一朵小花，說道：「很好，花兒是新生命的象徵！」

只見坐在第一排的一個小女孩，得意地舉手喊叫著：「那是我的！」

接著，布蘭妮打開了第二顆彩蛋，裡頭放著一只維妙維肖的蝴蝶標本，「是的，美麗的蝴蝶是從毛毛蟲蛻變而來，因此，它也是新生命的象徵。」

彩蛋一顆又一顆被打開，其中有裝著長了苔蘚的小石頭，也有小木塊，然而，當她打開第十顆彩蛋時卻呆住了，因為這顆彩蛋裡什麼也沒有，讓她不知道要怎麼說明，她也猜到這顆蛋一定是蘭納德的。

這時，布蘭妮爲了不使蘭納德感到難堪，便輕輕地將那顆彩蛋放到一邊，準備伸手去拿另外一顆彩蛋。

然而，這時候蘭納德卻突然大聲叫道：「布蘭妮小姐，那是我的彩蛋，您爲什麼不說說它呢？」

布蘭妮尷尬地說：「蘭納德，你的彩蛋裡是空的啊！」

蘭納德看著布蘭妮，輕聲地說：「嗯，耶穌的墳墓裡也是空的啊！因爲，他復活了。」

這個世界上只有殘缺的心，沒有殘缺的人。

身爲師者，若心中沒有寬恕心，沒有包容心，執起教鞭肯定非常辛苦，一如故事中的布蘭妮，面對蘭納德的缺陷，一直都不願接納，這麼缺乏愛心的老師，又怎麼能帶好孩子們呢？

反觀蘭納德樂觀、包容和積極生活的態度，強烈對比著布蘭妮殘缺了一角的心。就在那顆空蛋裡，我們看見其中裝滿了蘭納德的滿足，也從中看見布蘭妮的貧乏之心。

那我們呢，在這顆空蛋中又看見了什麼樣的自己？

每個生命都是完整無缺的，從蘭納德身上，我們看見了他的堅強與活力，也看見了一個生命眞相：「不妄自菲薄，更不要看輕別人，每個人都有無可取代的價值，只要心不殘缺，那麼便是完美無瑕的！」

「刺激你」是為了讓你活得更好

讓我們回想生命中曾經遇到的刺激，再看看我們的周遭，有多少人因此而更加積極上進，又有多少人一味地停滯原地？

莎士比亞在《凱撒》劇作中這麼寫道：「任何一個被束縛的奴隸，都可以憑著自己的手掙脫鎖鏈。」

掙脫環境或命運束縛的動力，經常來自於外力的刺激。

很多時候，一個刺激便能喚起一個人的鬥志，當有機會被別人狠狠地刺激一下時，我們不妨將它視爲老天爺的另一種關愛。

這年春天，查利先生不幸去世了，查利太太爲維持這個家的生計，忽然想起丈夫生前曾賣過一些玉米給村裡的紳士杜恩先生，於是便叫十六歲的兒子約翰到杜恩家取款。

約翰對杜恩說明來意之後，杜恩這才恍然大悟地說：「對，你看我都忘了，對不起！」說著，便慢條斯理地拿出一塊美元給約翰。

但是，他接著卻說：「很抱歉，約翰，我必須告訴你一件事，你父親還欠了我四十美元。」

約翰一聽，登時目瞪口呆，因爲四十美元對他們家來說可是一筆巨款，想起父親生前的好賭與懶惰，約翰一點也沒有懷疑杜恩的說詞。

杜恩又問：「不知道你什麼時候可以還清你父親的債呢？」

只見約翰滿臉蒼白地回答說：「不知道，但我一定能還清這筆錢的。」

開始時，約翰把掙來的錢全都交給母親，直到母親那裡的存款足夠支撐一家人的基本生活開銷後，他便開始儲存要還給杜恩的錢。

當他累積了五美元時，再次踏入那幢宮殿似的大房子，對杜恩說：「先生，我想先還您五美元。」

杜恩點了點頭，鄭重地將錢收下。

有一天，一位鄰居塞夫對約翰說：「每年冬天我都會到森林裡打獵，去年冬天我光是賣掉動物的皮毛，就賺了兩百美元，不過你必須先準備七十五美元，買齊那些獵獸的工具。」

約翰聽完後，考慮了很久，決定再次跨入那幢宮殿似的大房子。但是，杜恩聽到他來借錢時，竟漲紅了臉嚷道：「什麼？你要我把這麼大一筆錢借給你？你要怎麼讓我相信，你不會在森林裡餓死或凍死，又如何能償還這筆錢呢？」

只見約翰堅定地說：「如果你不相信，那我就不麻煩你了！」

杜恩盯著約翰看了好久，好像想看透約翰到底有多少能耐，或讓他找到能相信約翰的理由。

最終，杜恩把錢借給了約翰。

念念不忘父親欠的那筆四十美元的約翰，正分心聽著塞夫的叮囑：「過河時，千萬不要在冰面走，現在的冰面已經變薄，你要仔細找出冰化河段，然後做個木筏划過去，雖然這要多花許多時間，但卻是最安全的方法。」

然而，心急的約翰並沒有將塞夫的這番話聽進去，不僅沒有仔細找尋冰化河段，甚至看見河邊有一棵很高的大樹，便想：「如果能把樹幹砍倒，便足夠橫跨河面了。」

果然，樹一倒下正巧跨越到對岸，於是約翰小心翼翼地走在這座「橋」上，但走到一半時，樹幹突然搖晃了起來，一個重心不穩，整個人便掉到了河而上。猛力的撞擊力量將冰面撞碎了，約翰就這麼沉到了水裡，而他身上的獵槍、皮毛和夾子等等，也隨著水流沖散不見了。

好不容易撿回一條命的約翰，再度來到杜恩的家，把事情的經過如實說了一遍。只見杜恩苦笑著說：「每個人都需要一段學習的過程，不過，你竟然用這樣一個教訓來『學習』，眞不知道是你倒楣還是我倒楣？」

約翰回到家後，只好像先前一樣，每天踏實地從早忙到晚，到了夏天他又存下了五美元給杜恩，只是加上他借來買捕獵器具的錢，約翰目前共欠了杜恩一百零五美元。

到了秋天之時，杜恩竟然主動送了七十五美元給約翰，他對約翰說：「孩子，你已經欠我很多錢了，爲了能夠早點收回這些錢，我想，你今年冬天再到森林去打獵吧！」

這次，約翰一個人來到河邊，花了一整天的時間，做了一個木筏……

過完冬天，約翰終於賺到了他生命中的第一筆三百美元，這不僅讓他還清了獵具的錢，也還清了父親所欠下的那四十美元。從此以後，每到冬天約翰都會到森林打獵，慢慢地他也成了村鎮上的風光人物。

在他三十歲那一年，杜恩去世了，而他在遺言中，竟然把他那幢宮殿似的大房子和一筆錢全給了約翰，此外，還有一封信：「其實，我從未借錢給你的父親，因爲我不相信你父親能改變自己的命運。不過，當我第一次看到你時，我就感覺到你的與衆不同，爲了證明這一點，我決定要考驗你。杜恩。」

除了這封信外，信封袋裡還裝了一筆四十塊現金！

我們可以這麼說，杜恩是約翰生命中最重要的貴人，而遇到杜恩則是約翰生命中的轉捩點。

看得出約翰需要被激勵的杜恩，雖然一開始時不斷地給人難堪，甚至有貶抑對方的言詞，但再難聽的話裡，我們卻不難看見杜恩期望約翰成功的關切，那關切表現在他嘲諷對方後，仍又適時地出錢幫忙的行動裡。

讓我們回想生命中曾經遇到的刺激，也回想當初面對刺激時的反應，再看看我們的周遭，有多少人因此而更加積極上進，又有多少人一味地停滯原地，與人怒目相向？

每件事情的發生都有一定的背後意義，至於我們要讓這個「意義」成為正面還是反面，決定權就在我們的態度中，一如約翰面對杜恩刺激時的選擇一樣，而這正是杜恩默默地傳達給約翰的生命態度。

勇敢面對，就一定有成功的機會

每一個成功者都有他要走的困難與艱辛，也有他要流的汗水與淚水，只要能走過艱苦，流過付出的汗水，我們自然會走到富翁之路。

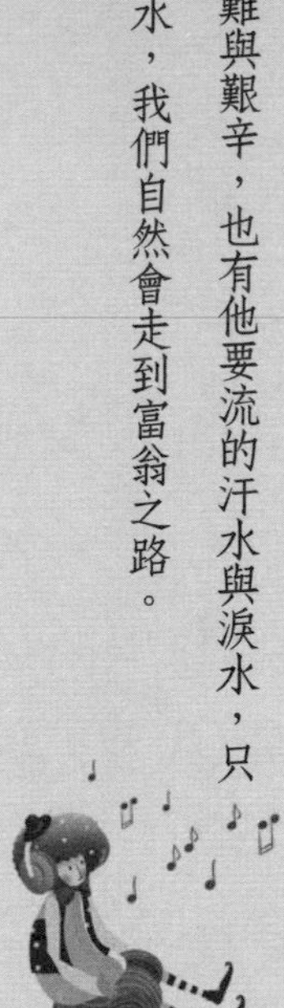

每個人一出生就獲得了第一個人生機會，那便是「生的機會」，每個人一出生也同時獲得了人生中第一筆財富，那便是「生命活力」。

不論你現在的生活面貌如何，都要提醒自己：「只要生命還在，就一定還有機會，只要保持身體健康與積極活力，我們定能掙得想要的富足人生。」

有個年輕人經常對朋友哭訴：「我好窮好可憐啊！誰能幫幫我呢？」

天天埋怨也天天坐困愁城的年輕人，這天決定向一位富翁請教致富之道，請求這位白手起家的富翁毫不保留地告訴他致富的秘訣。

年輕人一進門，還未等年輕人開口問話，富翁便對他說：「你一定很想知道我是怎樣白手起家的吧？」

「是啊！您怎麼知道？」年輕人驚訝地反問富翁。

「因爲在你之前有很多人來找過我，他們的情況和你一樣，一個比一個還要窮困潦倒，而且牢騷滿腹，不過……」

「不過什麼？」年輕人著急地插話追問。

「他們走的時候才知道原來自己是個大富翁。我看你也具有非常豐厚的財富啊！爲什麼還要不停抱怨呢？」富翁微笑地提點這名年輕人。

「財富？在哪裡啊？」年輕人急切地問道。

「嗯，我看你有一雙明亮的眼睛，這樣好了，我用一袋黃金與你換　隻眼睛。」富翁沒有回答年輕人的問題，卻離題和他提出交易。

「不行，我不能失去眼睛！」年輕人大聲地回答。

「好，那麼就換你的一雙手，只要你願意把雙手給我，你想要多少財寶我全都答應你。」富翁又說。

年輕人一聽，連忙說：「不，我不能失去任何一隻手！」

「孩子，你很清楚你身上的價值啊！有了一雙眼睛，你爲何不好好學習呢？有這麼健全的雙手，爲何不勤快勞動呢？你明白我的意思嗎？你知道你擁有的財富有多豐厚了吧！我老實告訴你，這些就是我的致富秘訣。」富翁說。

年輕人一聽如夢初醒，走出富翁家的大門時，臉上掛著自信的微笑，胸膛挺得筆直，整個人好像重獲新生似的。

這種情景誠如富翁所說，此刻的他也坐擁著豐厚財產，儼然是個財力雄厚的大富翁，因爲他知道：「原來，我早就擁有致富的本錢啊！」

想想富翁給年輕人的建議，再想想那些身體殘缺的鬥士們的努力，最後回頭看看四肢健壯卻一事無成的自己，是不是深感慚愧？

其實，不少人的窮困潦倒是他們自己造成的，有人只爲一時的歡樂而散盡家產，也有人只知道埋怨，卻從未努力行動，會導致這樣的結果，他們都知道原委，只是不願面對而已。

勇敢面對，就一定有成功的機會；當富翁一步步引導年輕人深思時，我們也應跟著自省思考。

每一個成功者都有他要走的困難與艱辛，也有他要流的汗水與淚水，只要能走過艱苦的道路，流過付出的汗水，我們自然會走到富翁之路。

全心投入，自然能收穫成功的果實

就算處境再艱難，只要想成功，再辛苦我們也能甘之如飴，再累我們也能堅強地撐下去，直到達成目的為止。

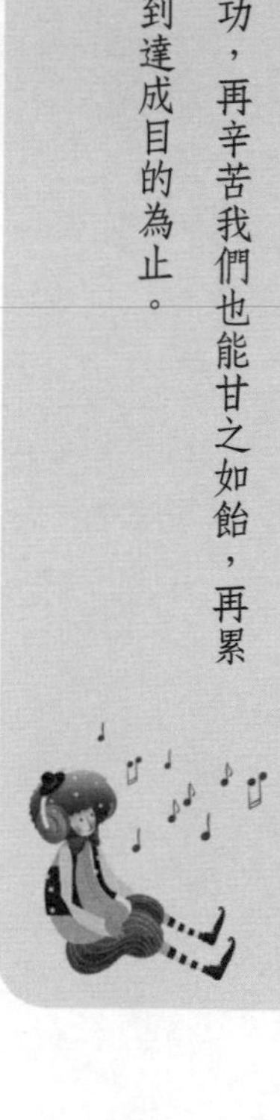

機會就在前方，必須奮力向前才能抓住，沒有人可以幫你累積腳步。每走一步我們距離目標就前進一步，只要能堅持下去，目標便會距離我們越來越近。

不必畏懼險阻，只需要全神貫注腳底下的積極步伐，那麼關於傳說中的困難，關於聽聞的阻礙，關於那些汗血淋漓的可能性，都將因爲我們只專注於前進，因而忽略、走過。

一九六五年，一位來自韓國的留學生孜孜不倦地在劍橋大學校園內閱讀心理學相關資料，還經常在下午茶時間，到學校裡的咖啡廳裡，聆聽成功人士的對話與演講。

這些成功人士之中有不少人是諾貝爾獎得主，都是些各個領域的權威人士，甚至是創造經濟神話的名人。他們談吐幽默風趣、風采翩翩，在談及自己的成功時，都將這個結果看得非常自然而且順理成章。

經過一段長時間接觸後，這名留學生卻發現，當年他在韓國學習成功心理時被許多人誤導了。那些人爲了讓正在創業的人知難而退，習慣都把自己的創業歷程說得過度艱辛，根本是用自己的成功經歷嚇唬那些還沒有取得成功的人。

身爲心理系的學生，這個留學生認爲：「我必須好好研究一下國內成功人士們的心態。」一九七〇年，他把《成功並不像你想像的那麼難》作爲畢業論文，並將它交給現代經濟心理學的創始人威爾布雷登教授。

布雷登教授閱讀這篇論文後大為驚艷，他認為這是個重大的新發現：「這個現象其實不只存在東方，事實上就我所知，這個心理狀態在世界各地是普遍存在的，只是一直沒有人能大膽地提出來並加以研究。」

「孩子，你辦到了！」布雷登教授肯定地拍著這位留學生的肩膀。

驚喜之餘，布雷登還寫了封信給他的劍橋校友，當時坐在韓國政壇第一把交椅上的人朴正熙。

信中，教授是這麼寫的：「我不敢說這本著作能對你有多大的幫助，但是我敢保證，它肯定比你所發布的任何一個政令都具效力與震撼力。」

後來，這本書果然帶動韓國的經濟起飛。

這本書鼓舞了韓國上下人心，他們從書中獲得一個全新的省思角度，因為書裡告訴人們：「成功與歷經艱辛沒有必然的聯繫，只要你對某一個夢想、事業充滿興趣，只要你願意長久地堅持下去，就一定會成功。因為，上帝賦予你的時間和智慧絕對足夠你圓滿做完這一件事情！」

帶著這樣的信念與自信，這位留學生回到國內後也寫下屬於自己的成功篇章，成爲韓國某汽車公司的大總裁。

近年來，韓國各項產業積極發展，從3G產品到娛樂產業都相當蓬勃，不難看出韓國人的積極與企圖心，或許正是這股新觀念帶動了人民的活力，也有可能是社會積極行動的氣氛深刻地影響了每一個人。

這名汽車總裁告訴我們成功沒有想像中的困難，咀嚼這句話的同時，我們又要給自己什麼樣的刺激呢？

不管別人怎麼說，也不管人們怎麼解說成功世界的難易，最重要的關鍵在於自己「想不想成功」。就算處境再艱難，只要想成功，再辛苦我們也能甘之如飴，再累我們也能堅強地撐下去，直到達成目的爲止。

其實，成功的元素不外乎我們熟悉的興趣、堅持、機智與自信，所以我們眞正需要的不是怎麼取得成功的靈丹妙藥，而是全心投入追尋成功的過程，發揮自己所能，也享受這段歷程，自然就能坐收成功的甜美果實。

只要邁步向前，夢想就不再遙遠

每一個夢想在最初似乎都遠在天邊，可是若能邁開堅持的腳步，一步一步前進，總有走到的一天。

英國有一句名言這麼說：「一個人所擔心的最壞情況，有百分之八十五都不會發生。」

當新的挑戰出現時，產生退縮、沒信心的反應是正常的，但是，這些擔心不一定會成真。

許多人遇到事情的直覺反應就是：「我不行，我做不到。」經過一段時間後，才能慢慢接受。

但也有人選擇直接放棄，不僅失去一個機會，更讓人視爲是個連嘗試的勇氣都沒有的傢伙。

有些時候根本不需要想那麼多，只管去做就是了。當你開始行動時，過程會告訴你應該怎麼辦，人生的價值也將在行動中決定。

在一棟大房子裡，有許多座不同的鐘，每天辛勤工作，「滴答……滴答……」不停地走動，提醒著每一個人該做什麼事。

其中有一座年紀很大很大的鐘，掛在高高的牆上，近來總是不停地咳嗽著，指針們也因爲咳嗽的震動而跑來跑去。終於有一天，它要退休了，僕人輕輕將它拆了下來，又小心地將一座年輕的小鐘裝了上去。小鐘看著滿頭白髮的老鐘被搬走後，不安地環顧四周。

突然傳來一陣聲音呼叫年輕的小鐘：「小夥子，你是新來的吧？」開口的是一只放在桌上的方型鐘，「也該是換人工作的時候了，不過我還眞有點擔心你，你能走完三千二百萬次嗎？我怕你走到一半就吃不消了。」

「三千兩百萬次？」小鐘驚呼著，「天哪，要我完成這麼困難的任務？辦不到，我辦不到啊！」

這時候從溫暖的火爐上傳來一道溫柔的聲音：「別聽它胡說。不用擔心，你一定做得到的，只要每秒『滴答』地擺一下，一定可以擺到三千兩百萬次。」原來，安慰它的是另一個小圓鐘。

「真的有那麼容易嗎？」小鐘帶著懷疑的心情說著，「如果真是那樣，那我就試試看吧！」

於是，小鐘謹慎地開始工作，不刻意費力，輕鬆擺動著手腳，每過一秒，就動一下。就這樣「滴答、滴答……」，不知不覺一年過去，它終於擺到三千兩百萬次了，而且仍將繼續擺動下去。

人的一生，也都是一步一腳印，慢慢地走完全程的。

年幼時總希望時間過得快一點，好趕快長大；年老回味著過去時，卻希望時間能放慢。然而，時間是公平的，它給每個人一天都是二十四小時；同時它也最偏私，給每個人不同長度的人生。

人類的壽命無論長短，總有一天會告終，但是人生的價值，就要看個人如何去掌握活著的時間。

每個人都有夢想，必須將那份想法化爲實際的做法，才有實踐的時候。每一個夢想在最初似乎都遠在天邊，可是若能邁開堅持的腳步，一步一步前進，總有走到的一天。

但是，若連一步也不願意跨出去，夢想也只能如同雨後的彩虹，讓人只能驚嘆它一閃而逝的美。

用輕鬆態度輕鬆工作

無論什麼工作，都有輕鬆快意的一面，只要找到那個面向，並以積極正確的態度，時刻朝著那個面向前進，臉上總會帶著燦爛的笑容。

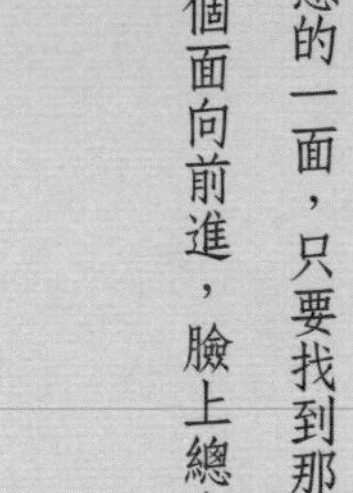

想輕鬆工作，其實很簡單，只要找對工作，找到適合的職位，也從中找到讓自己發揮所長的空間，或是培養出興趣，我們自然能工作愉快。

只要確認自己的方向，無論被分配到什麼樣的工作，其實都是很輕鬆的，不會產生挫折感。

只要我們能帶著愉快的心情上工，只要我們願意從中培養出興趣，我們自然會發現工作的趣味，生活也將因此變得更輕鬆自在。

有兩個地方監護使者在城門入口處相遇，其中一位使者問對方：「你最近在忙什麼，上面交給你什麼工作啊？」

這個使者答道：「上司派我去監視一個墮落的傢伙，他就住在前方的山谷中，是個作惡多端、卑鄙無恥的惡人，我想這一定是件負擔極重的任務，唉，我現在就感覺到這項工作將會很辛苦。」

第一個使者聽完同事的擔心後，卻這麼說：「放心，那其實是一件很輕鬆的差事，我之前也曾經在那兒任監護職務。如今，他們則派我去監護一個善良的聖徒，他就住在另一邊的村莊裡。我想，那才是件負擔沉重的工作。」

即將成爲惡人看護的使者，聽完後頗不以爲然地質疑著：「你這根本是胡說八道、胡亂臆測，試想，善良的聖徒怎麼可能比惡人還要難監護？」

被同事反駁的使者，不滿地說：「你居然說我胡說八道，眞是太無禮了，我說的都是事實啊！我看你才眞是沒用大腦判斷、胡言亂語。」

兩個使者就這麼吵起來，從反唇相譏到拳腳相向，最後還揮刀抽劍。

就在他們吵得不可開交時，有個地方長老上前阻止他們：「為什麼要打架呢？眞不像話，別忘了你們的身分啊！若讓人知道監護使者竟在城門口打架，人們以後怎麼看待我們？你們到底爲了什麼事吵成這樣呢？」

只見兩個使者依然互不相讓，爭著辯駁上司指派給他們的工作是最辛苦的，只有自己才應該得到最優渥的獎賞。

長老搖了搖頭說：「既然你們都堅持對方的任務比自己的任務輕鬆，這樣吧！爲了公平起見，也爲了讓你們充分發揮所長，你們不如互相交換手上的工作，好好在你們認爲『輕鬆』的工作中得到滿足。」

兩位年輕使者點頭答謝，便朝著剛剛接下的新任務前進，只是在離去前，他們卻同時回頭看了長老一眼，臉上滿是憤怒。

此刻，他們並未因爲接下自認爲「輕鬆」的工作而感到開心，反而對長老充滿了怨恨：「就是這些老不死的，害得我的日子一天比一天難過。」

從你的角度來看，到底誰才是最辛苦的呢？是得到惡人谷監視的使者，還是得到善良人家當看護的使者？

或者，你覺得兩個人都很辛苦？抑或兩個人都很輕鬆呢？

暫且把問號放在心裡，讓我們一塊仔細想想生活中的自己，當主管將工作分配下來時，你是用什麼態度迎接面對的？想過之後，你自然能得出故事中的結果。

其實，無論是生活還是工作，不管是對惡人還是善人，關鍵都在於面對的態度，因為工作從來都沒有是輕鬆的，也從來都可以是輕鬆的。

每個人都有自己的難題，不同的工作任務也各有不同的困難與麻煩，不必羨慕別人的輕鬆自在，也別抱怨自己的工作繁瑣沉重，只要找對角度、調整心態，每樣工作都能做得愉快。無論我們正站在什麼樣的工作崗位上，都有輕鬆快意的一面，只要我們找到那個面向，並以積極正確的態度面對，時刻朝著那個面向前進，即便揮著汗、流著淚，臉上也總會帶著燦爛的笑容。

只要不放棄，就會有奇蹟

人在絕望的當下，若能相信「還有機會」，便可以走出難關。只要不放棄，生命便會演繹各種奇蹟。

除非自己放棄，不然誰也不能逼你放棄一切。從這個角度來說，生命之所以脆弱，往往是因爲我們自己先倒下了，自己先放棄了自己。

不要因爲眼前的挫折而失望，人類最神奇的地方不是只有思考能力而已，還包括神奇的堅強意志，只要我們不放棄，總能讓我們等到撥雲見日時。

在非洲某個茂密的叢林裡，有四個瘦到皮包骨頭的男人正扛著一只沉重的箱子踉踉蹌蹌地奔跑。這四個人分別叫特里、麥克達利斯、古德約翰、托尼，幾個星期前跟隨隊長貝爾巴夫一同進入叢林探險。

原本貝爾巴夫答應會給他們優渥的工資，但是就在任務即將完成前，貝爾巴夫卻不幸病逝於叢林中，這個箱子則是貝爾巴夫臨死前親手製作的。

臨死前，他對這四個人說：「我要你們向我保證，寸步不離這只箱子。只要你們能把這個箱子送到萊斯特教授手中，你們將分得比金子還要貴重的東西，拜託你們了。」

四個男子埋葬貝爾巴夫之後，便匆匆上路。然而天氣酷熱，路越來越難走，再對照著他們瘦弱的身軀，想抵達目的地實在困難重重，他們像似陷在泥沼中掙扎著，若非貝爾巴夫的遺言在耳邊鼓勵，他們早就倒下了。

他們互相支持著，同時不准任何人亂動這只箱子，在最艱難的時候，他們堅定地對自己說：「很快的，我們便會得到一筆可觀的報酬！」

歷經千辛萬苦，他們終於走出了叢林，隨即急急忙忙地尋找萊斯特教授，並向他問起應得的報酬。

但是，貝爾巴夫似乎沒交代教授這件事，只見教授滿臉疑惑地說：「你們要什麼東西？我可是一無所有啊！嗯，該不會箱子裡有什麼寶貝吧！」

於是，教授當著四個人的面打開了箱子，但就在那一瞬間，所有人全都呆住了，因爲箱子裡什麼都沒有，只有滿滿一堆沒有用的枯木。

「開什麼玩笑啊？」古德約翰憤恨地說。

「我早就看出那傢伙有神經病，我們上當了！」托尼怒吼道。

「哪裡有比金子還貴重的東西？我們居然被騙了，可惡的傢伙！」麥克達利斯也氣憤地嚷著。

唯獨特里靜靜地站在一旁，此刻的他正回想起剛走出的難關，和那些在叢林裡看見的白骨。

「如果沒有這個箱子，我們早就倒下去了……」特里尋思著，忽然他站了起來，大聲地說：「你們別再說了，我們的確獲得了比金子還貴重的東西，那就是生命啊！」

因爲貝爾巴夫給的一箱「希望」，讓他們懷抱著一份「希望」，支持著搖搖欲墜的鬥志，這正可以說明，人在絕望的當下，若能相信「還有機會」，便可以走出難關。

從心理學的角度來說，這是「暗示」的作用，希望沒有被直接點明，卻能在人們心中悄悄孕生。好像特里等人的遭遇一樣，爲了能讓伙伴走出困境，貝爾巴夫給了他們一個「希望」動力。

只要能熬過最艱困的那一關，即使生活得重新開始，也是值得的。只要不放棄，生命便會演繹各種奇蹟。

天災過後，有人埋在地下將近半個月還能活下去，便是因爲他們相信生命的韌性，也相信自己一定能獲救。只要我們告訴自己「要活下去」，生命體本身自然會支持著我們努力活下去；只要我們告訴自己「一定有機會」，那麼人生自然會帶著我們去尋找重新站起的機會。

PART 8

咬緊牙關
才能衝破難關

面對困難的時候，

如果你能緊咬著牙關前進一步，

在眾人都放棄時再多堅持一秒，

那麼最後的勝利，也就非你莫屬了。

別讓焦慮影響自己的實力

相信許多人都有這樣的經驗，平常練習時都非常順利，可一旦要上場應試，所有的練習似乎都忘光了，事後當然對自己表現不佳感到懊惱。

既然選定了自己的道路，該做的事就儘管放手去做。不論過程存在多少艱辛，不論做得好不好，至少你已經往目標踏出第一步。

不要擔心自己不夠好，也不要害怕別人會對自己發出噓聲。過度焦慮只會影響你的臨場表現，發揮不出原有的實力。

面對人生的各項競賽，只有用平常心克服緊張情緒，任何事才會如你所預期的一樣，自自然然地完成。

球王比利是世界聞名的足球明星，但是，當年他得知自己入選爲巴西最有名氣的桑托斯足球隊時，卻緊張得一夜未眠。

那天，他翻來覆去地想著：「那些著名球星們會不會笑我？萬一在球場上發生尷尬的情形，我怎麼有臉回來見家人和朋友？」

他甚至還胡思亂想起來：「那些球星就算願意跟我踢球，其實也只是想用他們絕妙的球技，來對比我的笨拙和愚鈍而已。如果他們眞的在球場上戲弄我，把我當笨蛋似地耍弄的話，我該怎麼辦？」

一種前所未有的懷疑和恐懼，使比利一整夜輾轉難眠。因爲他完全缺乏自信，明明已經是球隊裡的佼佼者，卻依然充滿憂慮和自卑。

比利終究得到桑托斯足球隊來面對一切，但是緊張和恐懼的心情，始終無法完全克服。

「開始練球時，我也嚇得快要癱瘓了。」他就帶著這樣的心理，在這個著名的球隊裡，開始了他的足球生涯。

本來，他以爲剛進球隊，教練應該只會讓他做一些盤球、傳球等基本練習，再來就是準備當板凳隊員。但是，沒想到第一場球賽，教練就讓他上場踢主力中鋒。

當時比利緊張得還沒回過神，雙腳就像長在別人身上似的，每當球滾到他身邊，他都覺得是別人的拳頭要朝他攻擊一樣。

幾乎是被硬逼著上場的比利，不顧一切地在場上奔跑之後，開始慢慢地投入，忘了是誰在跟他踢球，甚至還到了渾然忘我的境界，每一個接球、盤球和傳球，都是非常自然而暢快的。

等到比賽快要結束時，他幾乎已經忘了自己是桑托斯球員，以爲仍在故鄉的球場上練球一樣。而那些讓他充滿畏懼的足球明星們，沒有一個人輕視他，反而對他相當友善。

這時，比利才了解，如果自己的自信心若能強一點，那麼也不必受那麼多的精神煎熬了。

思想家盧梭曾經寫道：「如果一個人打從心底就懼怕困難，懼怕不測的事情，那麼他永遠也成就不了什麼大事。」

比利之所以會緊張、自卑，完全是把得失看得太重的原因。只顧慮別人如何看待自己，而忘了如何充分發揮自己的實力，因此導致怯懦和自卑，還差點淹沒了他所具有的活力和天賦。

相信許多人都有這樣的經驗，平常練習時都非常順利，可一旦要上場應試，所有的練習似乎都忘光了，事後當然會對自己表現不佳感到懊惱。

其實，這些都是太過緊張或得失心太重所引起。建議你，在能力訓練之時，也要加強訓練泰然自若的心態。

別忽略了你看不到的潛能

能發現自己的能力，才能給自己更多自信；能發現別人的能力，也才能給自己學習的機會。

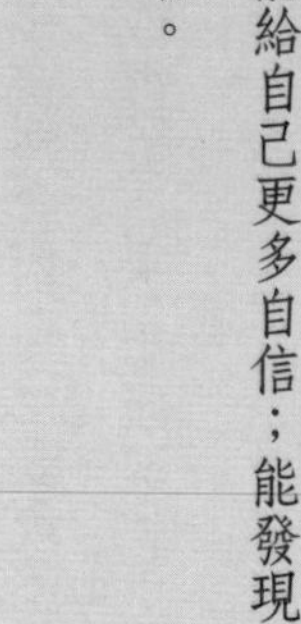

生活究竟是痛苦的折磨，還是愉快的享受，其實全在於我們的抉擇。

無論你目前的際遇如何，如果你既不知道自己的人生該往何處走，也不知道眼前遭遇的痛苦其實是培育幸福的肥料，那麼，你自然無法發掘自己的潛能，當然也就無法克服難關。

很多人總是挖空心思想看別人的缺陷，或是垂頭喪氣地看著自己的不足，殊不知欣賞自己，或是學習別人的優點，才能讓自己有更多進步。

據說，電腦開始廣泛運用之時，有一個人來到微軟公司，準備找一份清潔工作。經過了面試和實際打掃廁所等測驗之後，人事部門通知他被錄取了，接著便向他詢問e-mail地址，以便寄發錄取通知單和其他文件。

這時候，他卻搔著頭說：「可是，我沒有個人電腦，也沒有e-mail。」

人事部門不悅地告訴他，在微軟公司工作，不管是什麼樣的階層，沒有電腦就等於沒有工作能力一樣，於是他就這樣被取消錄取資格了。

他非常失望地離開微軟公司，爲了討生活，只好拿著口袋裡剩下的十塊錢美金，到一間便利商店買了十公斤的馬鈴薯，接著硬著頭皮，挨家挨戶地推銷這些馬鈴薯。

沒想到，兩個鐘頭後他全賣光了，而且獲利達百分之百。

之後，他又用這些資金買了其他的商品，而且同樣地又賣光了，獲得的利潤愈來愈高，他這才發現，原來這樣也可以賺錢養活自己。

於是，他開始認眞地做起生意來了。

一點天助自助的運氣和百分之百的努力，讓他的生意越做越大，不僅買了幾部貨車，還僱請了好幾個員工來幫忙自己。

五年後，他建立了一個很大的宅配公司，讓大家只要在家門口，就可以買到新鮮蔬菜的服務。

在事業逐漸穩定時，他爲了讓家人更有保障，便買了一份保險。簽約，時業務員向他要e-mail，他仍舊回答說：「我沒有個人電腦，更別提e-mail了。」

業務員很驚訝地說：「您擁有這麼大的公司，怎麼會沒有e-mail？想想看，如果你有個人電腦和e-mail，豈不是可以做很多事！」

他只是微微笑，並回答說：「是啊，不過我也可能因此而成爲微軟的清潔工了！」

非常有意思的小故事，不是嗎？

太過在乎別人的看法和評價，只會讓你活在別人的陰影之下。

只要相信自己的能力，知道自己的能力所在，能看見每個人平凡中的不平凡，那麼不論你扮演什麼樣的角色，都能成為其中的佼佼者。

遇到不如意的事情，與其生氣、埋怨，倒不如試著將它當成對難得的磨練，從中發掘被自己忽視的潛能。

能發現自己的能力，才能給自己更多自信；能發現別人的能力，也才能給自己學習的機會。

別害怕別人的噓聲，成敗的關鍵，不在外在條件優秀與否，也不在於是否擁有某些工具，而是每個人身上不易發現的潛在能力。

做自己生命舞台的英雄

勇於自我挑戰的人，即使失敗了，仍然是人群中佼佼者。因為他會不斷激勵自己，朝更高的人生境界前進，更會從失敗中創造成功。

不要害怕噓聲，很多時候，要試著將別人的噓聲當成鼓勵自己的掌聲。要是內心患得患失，存有害怕失敗、擔心出糗的消極想法，那麼，最終就會什麼事情也做不成。

沒有人能保證每件事都會成功，就算遇上無法避免的失敗，也要盡全力把它做到最好，才能宣告結束。

這才是面對問題時最佳的處理方式。

不管在比賽場合或現實生活，拳王阿里都是用積極的方法，來向自己挑戰，並且激勵自己。

多年前，拳王阿里復出與弗來奇爾比賽。在記者會上，阿里仍然像和諾馬士的那場比賽一樣，在還沒有開戰前，就先宣稱自己會獲得勝利。

這也是他早期的拳擊生涯中，經常運用的招術，以預測對手的實力來評量自己的勝算，事實上，當時的阿里和對手們的實力其實相差無幾，甚至有時候還遠不如他們。

現在，阿里離開了拳擊場多年之後，再一次出賽，對手名叫弗來奇爾，是拳擊場上的常勝將軍，但阿里居然仍誇口自己會贏得勝利。不過，這次他預估錯了，因爲他輸了，最後一役的辛苦應戰，也失敗了。

比賽結束後不久，美國有家電視台邀請阿里上節目接受訪問，許多人認爲他吹破了牛皮，上電視節目時一定會被現場觀衆們以噓聲回應。

可是，當阿里出現時，卻獲得現場觀衆們的熱烈掌聲，因爲沒有人認爲他是在愚弄自己，反而認爲阿里是一個以自己名譽做賭注的勇士，即使結果未如他所言，但是比起他的勇氣，勝負只是鴻毛，不值一提。

你還在計較那少了一分的失敗，還是面子不足所少的那一分成功嗎？這一分眞的有那麼重要嗎？一路走來，你是原地踏步還是往後退步的多呢？如果兩者都有，那麼你目前的成功，其實是一種失敗。

凡是勇於自我挑戰的人，即使失敗了，也仍然是人群中佼佼者。因爲，他會不斷地激勵自己，朝更高的人生境界前進，更會從失敗中創造成功，除了自我設限之外，沒有任何被他人牽制的藉口。

失敗和成功其實相隔不遠，即使面對滿場噓聲，只要願意堅持到底、盡力而爲，你就是自己生命舞台的英雄。

咬緊牙關才能衝破難關

面對困難的時候，如果你能緊咬著牙關前進一步，在眾人都放棄時再多堅持一秒，那麼最後的勝利，也就非你莫屬了。

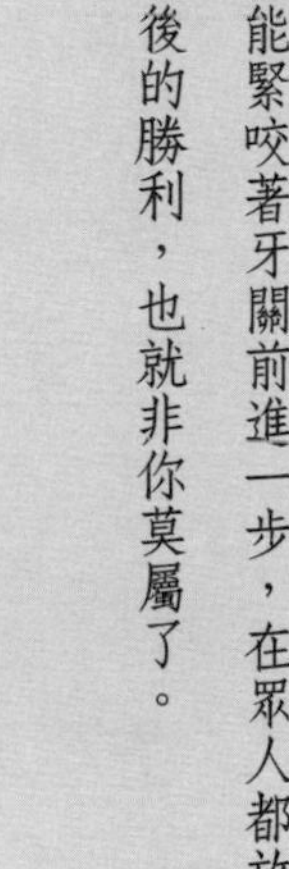

法國哲學家伏爾泰說：「我們不該為人生的苦難和生命的短促而嘆息，相反的，應該為人生的幸福和生命的持久而慶幸。」

勇敢面對困難，就會讓你的生命充滿希望和活力；具備解決困難的智慧，就會讓你活得更光明，更喜悅。

一九九七年四月的某個星期日，高爾夫球好手老虎伍茲揮出的最後一桿，不僅讓他贏得了該年的冠軍賽，更刷新了歷史的紀錄。

雖然許多人認爲，他能在那場比賽中出人頭地是靠運氣，但熟悉他的人都知道，這個冠軍其實全靠他的堅持得來的。

因爲，老虎伍茲把所有時間都放在高爾夫球的練習上，就爲了獲得這場冠軍賽的參加資格。

在冠軍賽的前兩年，伍茲爲了累積實力，幾乎天天廢寢忘食地練習，不怕挫折的他，就算再枯燥、再艱苦的訓練，也從來都沒有任何怨言，和一絲絲放棄的念頭。因此，他之所以能成爲高爾夫之冠，贏得五千萬以上的身價，可以說是實至名歸。

時裝名人湯米．希爾菲傑也是如此，他以汽車的行李廂，做爲他第一家服飾店的開始。

剛開始時，日子過得非常艱苦。他通常會把車子停靠在路邊，向來往的行人兜售藍色牛仔服，雖然他遇上一次又一次的打擊，甚至面臨了破產的危機，都能以無比的韌性堅持下去、努力奮鬥。

他相信這個夢想一定能讓他走向成功，而在他的堅持和不放棄之下，如今他的公司年收入已超過了五億美元，成爲美國最知名的品牌之一。

遭遇困難的時候，絕大多數的人總是找盡各種藉口，編織各式理由，試圖掩飾自己的懦弱、退縮。但是，事實眞的像他們形容的那樣艱難嗎？

逃避和退縮並不能使人好過，只會使人輸得更難受。

前芝加哥比爾斯隊的教練迪卡斯，說過一句名言：「只要你不退出，你就不會輸。」

「不放棄，不退縮」，是成功者的座右銘，也是生活中最常用來勉勵的話，不知道你是不是做得到呢？

面對困難的時候，如果你能緊咬著牙關前進一步，在衆人都放棄時再多堅持一秒，那麼最後的勝利，也就非你莫屬了。

想達到巔峰，就別怕任何磨練

只要你能克服一路上的磨練，那麼對你來說，往後所有的難題，都只是件簡單易解的小問題而已。

日本知名劇作家山本有三曾說：「年輕時代，沒有喝過『苦水』的人，一定無法成長，我一向把曾經折磨過自己的人，當成我的成功導師。」

的確，來自生活的折磨和苦難，來自他人的輕視與蔑視，可以激發一個人的昂揚鬥志，越是非比尋常的慘痛遭遇，越可以開發一個人的深層潛力。

在生活中，我們有許多磨練的機會，想要脫胎換骨，你就必須認眞地接受每一次的磨練，想達到事業的巔峰，任何問題你都必須親自克服，如此一來，你才能眞正享受成功的喜悅。

相傳，很久以前阿拉伯有一位著名的馴馬師，凡是他馴練出來的馬，每一匹都是寶馬良駒，非常受到愛馬人士的肯定。

認識馴馬師的人都知道，每天早上他會指揮著一群馬，在馬場上繞圈跑步，馬群中有雄健的成馬，也有年齡尚幼的小馬，馴馬師從來不把牠們分齡訓練。而馴馬師的助手則一邊喝斥著馬匹，一邊抓著馬鞍左右跳躍，看起來就像馬戲團的特技表演一樣。

正午時分，太陽最烈的時候，經常可以見到馴馬師和他的助手騎著馬，往沙漠中奔去，直到下午四點左右才回來。有人發現他們從沙漠回來的時候，手上會拿著一把彎刀，像是出征歸來的樣子。

曾經有人問馴馬師：「爲什麼要叫這些馬匹繞圈子？」

馴馬師回答：「因爲那些小馬會跟在成馬的身後，跟著學習聽口令和順服。

沒有成馬帶領，小馬不太容易調教，如果我是老師，那成馬就是家長，我在進行教導，父母則在一旁輔導，這樣的合作關係是缺一不可的。」

有人又問：「爲什麼助手要抓著馬鞍左右跳躍呢？」

馴馬師說：「那是在教馬兒學會平衡，維持牠們的穩定性。」他接著又說：「而正午時分的訓練，則是要讓馬兒們忍受高溫的磨練，凡是經得起這種訓練的馬匹，才能成爲優秀的千里馬。至於彎刀，則是故意舞弄給馬兒看的，利用閃爍的刀光來刺激馬的眼睛，經歷了這些，牠們如果還能鎮定自若，就會是最好的戰馬。」

文壇大師白先勇曾說：「命運異於常人時，你只有去面對它，並接受，若一味逃避、怨憤、自憐，都無法解決你的難題。」

人生不可能盡是坦途，失敗受挫在所難免，我們該做的是藉著這些來自環境的折磨，不斷累積自己的實力。不要在意別人的異樣眼光，想要達到巔峰，就必須承受更多磨練。

就像那些被訓練的馬匹一樣，我們也都經歷了一連串潛移默化的訓練，才能在面對問題時知道如何解決，遇上困難時能一一克服。

雖然，你不必在烈日炎炎時到沙漠裡奔跑，不過你所要經歷的磨練，有時卻比在烈日下奔跑來得更加辛苦。

只要你能克服一路上的磨練，那麼對你來說，往後所有的難題，都只是件簡單易解的小問題而已。遇到困難之時，就算是在烈日下奔跑，你也會跑得比別人輕鬆而自在。

不斷創新，生活就會充滿活力

每一件事物，都會因為看的人不同，身處的環境不同，而有不同的呈現和風貌，只要用心，你的生活面貌就不會只有一個模樣。

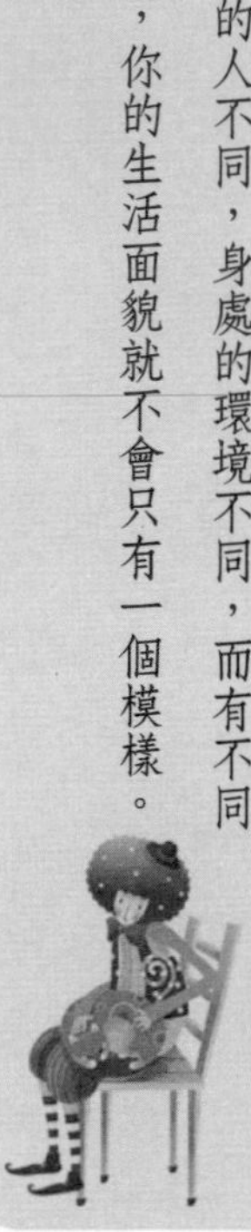

生活既是心靈與世界的光合作用，也是生命歷程的奮鬥和享受。

想要活得自在快樂，人就必須熱愛自己生命中的一切，如此一來，生活才會不斷激發創意，充滿驚喜與樂趣。

眞正成功的人們，總是不斷地探索新奇、動人的事物，也不停尋求解決問題的新方法。

他們認眞試驗，不斷挖掘，在這些人的字典裡沒有「墨守成規」，只有不斷的創新和發現，每天都是朝氣蓬勃的新的一天。

二十世紀初，世界畫壇出現了一位天才畫家——畢卡索。他在十六歲那年，就因舉辦了個人畫展而一舉成名。

畢卡索一生所留下來的作品將近有四千五百多件，這些作品記錄了他所經歷的各種不同時期的畫風，也記錄了當時繪畫的流行與變化。

但是，由於他的畫作太有創意、變化豐富，反而被當時保守的人士視爲眼中釘，並且被評爲「不合高尚藝術的低級品」，也令當時的人們對他的作品接受度不大。直到近代，畢卡索才被稱爲天才型畫家，是二十世紀藝術界的奇葩。

對畢卡索而言，世界上的各種事物，就算再怎麼普通，他都會像第一次看到一樣，充滿著新鮮感，眼神中更是充滿著想像與好奇。一直到九十一歲去逝的前幾天，他都還拿著顏料和畫筆，不斷地創作著新作品。

許多畫家在創造了一種適合自己的繪畫風格後，便不再改變，特別是當他們的作品得到人們認同後，風格就更加確定了。然而，畢卡索不同，他像終生都沒有找到屬於自己的特殊畫風一般，不停地創新、嘗試，終其一生都在尋找最完美的風格，似乎唯有如此才能表達他的眞正心靈。

所以，畢卡索可以創作各種風格迥異的畫作，每一件作品的表達，他都要求有不同意境的呈現。

他竭盡所能地把眼睛所看到的東西，淋漓盡致地表現出來，讓我們的想像空間也能有所感應，能與他的作品一起發現、探索。

俄國文豪托爾斯泰曾經勉勵世人要有正確的生活態度，他說：「生活不是辛苦的工作，而是愉快的享受。」

當你徬徨迷惑，不知道自己的人生該往何處走的時候，千萬不要心慌意亂，必須先讓失去方寸的心冷靜下來，然後問問自己生活到底到底出了什麼問題，又要如何解決。

唯有如此，生活才會變成愉悅的享受。

生命的寬度及廣度，其實全在於我們看待生活的態度。在那些不甘於平庸的人眼中，生活既是一種心靈的修練，也是一種心靈的享受。

終其一生，畢卡索都在探索這個美麗而新奇的世界，而他的一生，是那些只會安逸生活、平淡渡日的人，所無法想像的精采人生。

許多人只會翹著嘴說「生活無聊」，卻不知道生活周遭有多少新鮮事等著我們去發現。

每一件事物，都會因爲看的人不同，身處的環境不同，而有不同的呈現和風貌，只要用心，你的生活面貌就不會只有一個模樣。

「保持童心，就能讓生活有藝術感，更能讓你的工作充滿活力和動力。」

這是畢卡索說的，不相信嗎？那麼看看畢卡索的畫中吧！相信從他的畫中，你會得到不同的啓發。

轉化心情做自己的主人

只要盡了全力，就能把命運視為使命，不管面對再多的艱難和困苦，只要能把心情轉化，我們就一定能控制自己的命運。

你會怎麼看待你所面臨的難題？是被這些困難壓得喘不過氣？還是轉化心情，努力克服？

不管你用什麼方法，最重要的是，不要被麻煩絆倒，不要被噓聲嚇倒，任何問題都一定會有解決的方法。

在古希臘神話中，有一個小仙名叫西西弗斯，因爲犯了天條，所以被天神懲罰到人世間受苦。他所受的懲罰就是：把一塊石頭推到山頂上。

這項工作看起來似乎很容易，但當西西弗斯費了九牛二虎之力，好不容易把那塊大石頭推上山頂後，一停下來休息，大石頭竟然又自動地滾回山腳下了。於是，西西弗斯得一次又一次地把那塊大石頭推回山頂。

這就是西西弗斯所要面臨的嚴厲懲罰：一個永無止境的挫折。天神的眞正目的，便是要折磨他的心靈，讓他在「永無止境的失敗」中受盡煎熬。

每當西西弗斯把石頭推上山時，天神都會故意打擊他，揶揄說：「你絕對不可能成功的。」

但西西弗斯一點也不認命，他不讓成功或失敗的結果困住，總會告訴自己說：「把石頭推到山頂是我的責任，只要我把石頭推上山頂，我的責任就盡到了，至於石頭是不是會滾下來，那就不關我的事了。」

當西西弗斯想通之後，每天都非常努力地把石頭推上山。他的心情非常平靜，因爲他會安慰自己，明天他還是能把石頭推上山，明天仍有工作可以做，明天還有希望。當天神發現，西西弗斯已經能轉化自己的心境，他所要懲罰的目的已經達到時，便讓他重回天庭了。

對於那些加諸在自己身上，不得不做的事情，你可以滿懷哀怨地把它當成宿命，也可以鬥志昂揚地把它當成使命。

你的態度，毫無疑問地將會決定你的人生高度。

西西弗斯的「永無止境的失敗」，或許可以解釋爲我們一生中所有可能會遇上的困難。

也許你和西西弗斯一樣，每天非常努力的工作，但是，西西弗斯面對命運的態度，不知道你是否學會了？

只要盡了全力，就能把命運視爲使命，不管面對再多的艱難和困苦，只要能把心情轉化，我們就一定能控制自己的命運。

寶藏其實就在你身上

任何好高騖遠的追求，都遠不如挖掘身上的寶藏，只要懂得開發自己的潛能，你就能實現自己的美麗夢想。

英國名作家狄更斯曾經在他的著作中告訴我們：「一個知足的人，才能徹底享受生活。」

生活應該是內心活動的真實投射，無法靠外在的附加品提昇內在的價值。可是，許多人卻忘了這個簡單的道理，忘了挖掘自身的寶藏，反而捨近求遠，讓自己活在虛妄的追求中。

其實，財富不是非得「捨近求遠」才能獲得，它是屬於那些相信自己能力的人，聰明的人會懂得珍惜、善用身邊的寶藏，絕不會毫無根據地茫然追尋遠在天邊的神話。

在非洲有一個農場主人，一心一意只想著要發財致富。

某天傍晚，一位珠寶商前來借宿，在餐桌上，農場主人對著珠寶商問了一個放在心裡許久的問題：「請問，什麼是世界上最值錢的東西？」

珠寶商回答：「當然是鑽石最值錢囉！」

農場主人又問：「喔，那要在什麼地方才能夠找到鑽石？」

珠寶商回答說：「這就很難說了，鑽石可能藏在離我們很遠的地方，也可能就在你我的身邊。不過，我聽說，非洲中部的叢林裡可能蘊藏了非常豐富的鑽石。」

第二天，珠寶商離開了農場，但農場主人卻激動得一夜未眠。他想著珠寶商的話，並馬上做了一個決定：將農場以低廉的價格，賣給一位年輕的農民，並且立即出發，去尋找那遠方的寶藏了。

第二年，那位珠寶商又路過農場，同樣在這個農莊裡借宿一晚。

晚餐後，年輕的農場主人和珠寶商在客廳裡閒聊，突然之間，珠寶商兩眼發亮地望著書桌上的一塊石塊，神情極爲認眞地問道：「這塊石頭是在哪裡發現的？」

農民說：「在農場旁的小溪中發現的，有什麼不對嗎？」

珠寶商非常驚訝地說：「你知道嗎？這可不是一塊普通的石頭，這是一塊天然的鑽石啊！」

於是，他們興奮地來到溪邊，在同樣的地方又發現了一些天然鑽石，後來經過專家的勘測，發現這整個農場的地下，竟蘊藏著巨大的鑽石礦產。

年輕的農場主人意外地成了億萬富翁，至於，那位跑到遠方去尋找寶藏的老農場主人，卻是一去不返，聽說他成了一名乞丐，最後跳進河裡失蹤了。

美國激勵大師安東尼．羅賓曾經一再勸告我們說：「任何好高騖遠的追求，都遠不如挖掘身上的寶藏，只要懂得開發自己的潛能，你就能實現自己的美麗夢想。」

這樣的故事也許近似神話，但寓意卻非常深遠，因爲只有當你明白身邊每一個機會的無價時，你才會發現「近在咫尺」的寶藏。

唯有知道自己的能力所在，了解自己內在的潛能，你才能認眞開發自己身上的「鑽石」；不必千里迢迢地尋找外在事物的肯定，你就能以自己所擁有的寶藏爲榮。

PART 9

把別人的噓聲，當成鼓勵的掌聲

不管別人是用什麼的角度批評你，

你都要秉持自己的信念勇往直前，

讓每一個不客氣的批評成為你更加成功的原動力。

幸運之神只會眷顧有勇氣的人

有膽量的人，知道機會不能錯失，就算事情難以預料成果，他們也不會裹足不前。

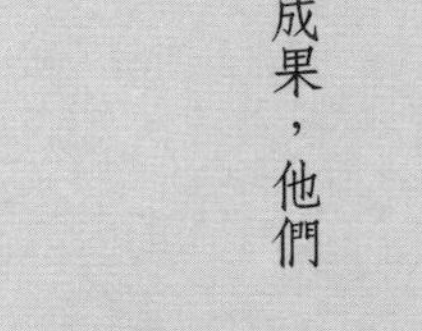

與其說幸運會使人產生勇氣，不如說，正是因爲有了勇氣，才會讓更多的好運願意靠近你。

記住保羅．格蒂曾說過的話：「凡事都必須樂觀地面對，如果你總是要求先有肯定的答案，那麼只會綑住自己的手腳而已。」

保羅・格蒂是石油界的億萬富翁，不少人都認爲他是非常幸運的人。但是，大家卻不知道，在他早期的時候，其實也走過一條非常曲折坎坷的人生道路。

求學的時候，他曾立志當一名作家，後來又決定要從事公關外交方面的工作。畢業後，他卻被奧克拉荷馬州迅速發展的石油業吸引，當時他的父親，也是靠著石油業而發財致富。

進入了石油業，偏離了他在求學時主攻的外交事務，他停下了往外交領域發展的計劃，成了一名完全不懂油井開發的人。雖然什麼都不懂，但是他仍然要試試自己的運氣。

剛開始，格蒂找了一些挖掘油井以外的相關工作，以賺取資金。有時候也會到父親那裡借點錢，雖然能借的金額不多，但是，格蒂就這樣一點一滴地累積了資本。

年輕的格蒂很有勇氣，做事卻一點也不魯莽。行動開始前，他會先仔細評估，太過冒險或是一次失敗就會造成難以彌補損失的行動，他都不會讓它發生。一開始，他也失敗了好幾次，直到一九一六年，才終於找到了第一口高產量的油井，也讓他打下了成功的基礎。

那年，保羅．格蒂才二十三歲。

保羅．格蒂的成功，眞的只是幸運嗎？

或許！不過，這個幸運卻是他應得的，因爲他也付出了許多的努力和代價。

曾經有人好奇地問格蒂，他怎麼會知道這口井會產油。

雖然他爲了開挖這口井，收集了許多可靠的資料和證明，但是他仍然說：「我當時其實並不肯定，」他接著說：「但是，在我心中一直懷抱著希望，相信一定會有成功的機會。」

或許，你會認爲，所謂幸運的人，有時候只是比一般人大膽一點罷了。不過，可以肯定的是，幸運之神是不會眷顧膽小怕事的人的。

有膽量的人，知道機會不能錯失，就算事情難以預料成果，他們也不會裹足不前。只要盡全力把事情做到最好，有沒有成功都無所謂，因爲任何成功的機會，他都不會錯過。

思想家家阿米爾曾說：「懂得如何在逆境中過日子，不僅是智慧的傑作，同時也是人生這部著作中，最難撰寫的篇章。」

眞正的成功者，經常是那些勇於超越自己的人。

也許你沒有顯赫的家世背景，也沒有令人羨慕的耀眼學歷，但是，只要你充滿勇氣，願意挑戰自己，進而超越自己，將每一個挫折都當作成功的起點，照樣會有輝煌的成就。

找到方向，就能完成夢想

不要再像隻無頭蒼蠅胡亂飛舞了，你必須找出自己的目標，發現自己心中的北極星，才能走出自我的困境。

失敗的人常常感慨自己找不到成功的方向。

其實，並不是沒有方向可依，只是你沒有選定目標而已。

如果不能找出自己的目標，一味依附別人的看法、想法，那麼你永遠都只會隨波逐流，或是在失敗的循環中，渾渾噩噩地虛度一生。

你應該做的是保持冷靜，找出問題的癥結所在。

迷失方向的時候，記得先要求自己保持冷靜，讓自己頭腦清醒，不至於進退失據、患得患失。保持冷靜可以激發自己的腦力，從容面對不利自己的情勢，突破原本僵滯的困局。

撒哈拉沙漠中有一個叫比塞爾的小村莊，村莊建造在一塊一・五平方公里的綠洲上，如果想從小村莊走出大沙漠，只需花三天三夜的時間，就能抵達城市了。

但是，一直到一九二六年，英國皇家學院的萊文院士發現這個小村莊之前，比塞爾的村民竟然沒有一個人曾經走出大沙漠。

經過萊文院士了解，他們並不是不願意離開這塊貧瘠的地方，只是嘗試過很多次，全都無法成功地走出沙漠。

萊文院士試著用手語和村民溝通，得到的回答全都一樣。他們都說，從這裡出發，無論朝哪個方向前進，每個人最後都會回到這個地方。

爲了證實他們的說法，萊文自己做了一次實驗，從比塞爾村向北直走，沒想到只花了三天半的時間，就順利地走出沙漠了。

「爲什麼比塞爾的村民會走不出去呢？」萊文心中感到非常納悶，於是請了一位比塞爾人帶路，看看哪裡出了問題！

他們準備好可以用半個月的水量，騎著兩隻駱駝就上路了。這次萊文將指北針等輔助工具收了起來，只拉了一個木棍跟在村民的後面。

他們走了約八百多英哩的路程，花了十天的時間了，就在第十一天的清晨，一塊綠洲出現在他們的眼前，果然他們又回到了比塞爾。不過，萊文也終於明白，爲什麼比塞爾人走不出沙漠的原因了。

因爲，他們根本就不知道什麼是北極星，更沒有指北針之類的工具，在沙漠中，全憑感覺找方向，沒有任何輔助指引的依據，當然會在一望無際的沙漠中繞圈子，永遠只能走回他們的村莊。

於是，當萊文要離開比塞爾時，向一個名叫阿古特爾的青年說：「在沙漠中，白天時，你就好好休息，到了夜晚，你只要跟著北方一顆最亮的星星走，就能走出沙漠了。」

阿古特爾眞的照著萊文的話去做，三天後，果然讓他走出了沙漠。

古羅馬思想家小塞涅卡曾經說過：「如果一個人不知道他要駛向哪個碼頭，那麼任何風向都不會是順風。」

相同的道理，如果一個人認不清自己應該努力的方向，那麼，再多的努力終究也只是徒勞無功。

其實，就像比塞爾人一樣，缺乏明確的目標指引，通常是很多人一再遭遇失敗的原因。特別是在習慣性失業人的身上，沒有目標可說是他們普遍存在的人生問題。

因爲沒有目標，所以他們無法忍受成功過程中所必須歷經的磨練，自然無法享受成功的喜悅。

不要再像隻無頭蒼蠅胡亂飛舞了，你必須找出自己的目標，發現自己心中的北極星，並且切實地朝著星光的指引前進，才能走出自我的困境，邁向你夢想中的園地。

你是沒有機會，還是沒有準備？

你真的都沒有機會嗎？還是你根本就沒有好好準備，所以才眼睜睜地讓每一次機會在你面對走過？

《孫子兵法》中有句話說：「毋恃敵之不來，恃吾有以待之。」就現代的觀點，孫子說這句話的意思就是：不要怕沒有機會，就怕機會來了你還沒有準備好！

激勵作家路易士·賓斯托克曾經講過這樣一個故事。

在美國經濟最蕭條的時期，他在南部的一個小鎮中長大，那時的生活水準和今天相比，實在差得太多了。

長大後，他在鎮上的一家雜貨店打工，店裡賣的蜂蜜是用大木桶裝著的，而且是一大桶一加崙地賣。

在那個年代，孩子們根本沒有零錢買糖果，不過鎮上有個小男孩卻特別喜歡吃糖，尤其對蜂蜜情有獨鍾，經常溜進店裡，偷偷掀起木桶蓋子，用他的小手指沾著蜂蜜吃。

不過，他常常被老闆捉到，當然也免不了挨一頓罵，並且還被特別叮囑不能再進店裡一步。

有一天，小男孩又偷溜進去吃蜂蜜了。老闆一氣之下，把小傢伙拎了起來，丟到了桶子裡。當小男孩快沉入底前，沒想到竟然還聽到他禱告說：「主啊，請你賜給我一個能舔完這桶蜂蜜的大舌頭吧！」

每當路易士·賓斯托克在創作或在演講時，都會想起這個故事。也許小男孩的故事並不特別，但是對他而言，寓意卻非常深遠。因爲，他也曾像小男孩一樣，祈禱上帝，當他有寫作和演講的機會時，希望祂能賜給他一個「下筆如神」的能力，或一個「妙語如珠」的口才。

運動員知道，如果自己不接受嚴格的訓練，就不可能有所成就；畫家也知道，如果不勤加鍛鍊，技巧就會開始生疏，創造不出更高的意境。各行各業都是如此，想要獲得傑出的成就，都得做好準備，等待脫穎而出的機會。

懂得把握機會的成功人士都會說：「只要你準備好迎接機會，機會隨時都會來敲你的門。」

許多人只會抱怨自己沒有機會，但問題是，當他們有了機會，卻常常因爲沒有準備而失之交臂。

反省一下，你眞的都沒有機會嗎？還是你根本就沒有好好準備，所以才眼睜睜地讓每一次機會在你面對走過？

用你的自信把潛能激發出來

無論付出多少時間精力，都要把事情完成，只有對自己充滿信心，你才能不斷地激發自己內在的潛能。

信心對一個人的發展來說，具有無法預估的力量。不論是在智力、體力或是處理事情的能力上，自信心都有著非比尋常的地位。

許多事業成功的人，總是能勇於向自己提出更高的要求，所以才能在失敗的時候看見希望。

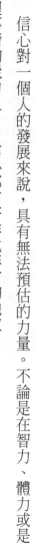

心理學中曾有這樣一個著名的實驗案例。

一個長相很醜的女孩，對自己非常缺乏信心，從來不打扮，整天邋邋遢遢的，做事也不求上進。

一位心理學家爲了改變她的狀態，要求大家每天對醜女孩說：「妳眞漂亮」、「妳眞能幹」、「今天表現不錯」……等等讚美的話，經過一段時間之後，大家驚奇地發現，女孩眞的變漂亮了。

其實，她的長相並沒有任何改變，而是心理狀態發生了變化。她不再邋遢，變得愛打扮，而且做事積極，開始喜歡表現自己。

爲什麼會有這麼大的變化呢？心理學家解讀說，那是因爲她對自己產生了「自信心」，因爲對自己有了自信，所以大家都覺得她比以前漂亮多了，她還愉快地對大家說，她獲得了新生。

所謂「相由心生」，這位女孩其實只是展現出每個人都蘊藏的自信美而已。

這種美只有在我們相信自己，而周圍的人也都肯定我們的時候才會充分地展現出來。

自信心就像催化劑一樣，它可以把人的一切潛能激發出來，讓所有的功能調整到最佳狀態。在許多成功者的身上，都可以很清楚地看到他們因自信而散發出的成功光芒。

一個人如果缺乏自信心，就會缺乏探索事物的主動性和積極性，能力自然就會受到約束和侷限。

生活並不容易，除了要有堅忍不拔的精神外，最重要的是懷抱信心。相信自己的天賦和才能，無論付出多少時間精力，都要把事情完成，只有對自己充滿信心，你才能不斷地激發自己內在的潛能。

設法從自卑走向自信

與其因自卑而悲觀喪氣，帶來更多的歧視和冷漠，不如將它轉變為動力，從自卑走向自信，這才是積極有力的生命態度。

當有人嘲笑你、看不起你的時候，非但不能憎恨對方，反而必須抱著感恩的心情感謝對方。

因爲，如果不是因爲對方的輕視、蔑視，你又如何能更加激勵自己奮發向上呢？

試著轉變你的自卑心理吧！

它不應該是前進的阻力，而是成功的動力。

越受挫、越沒有信心時，越要努力克服自己的自卑感，因爲從自卑中所發揮的能量，將是任何事物都比擬的。

法國著名的化學家維克多．格林尼亞，就是一個超越自卑心理，走向成功的典型例子。

格林尼亞出生在非常富裕的家庭，從小就養成了游手好閒的生活態度，總是揮金如土、盛氣凌人，但是在他二十一歲的時候，卻遭受了一次嚴重的打擊。

在一次宴會上，他遇見了一位年輕美貌的巴黎女郎，而且對她一見鍾情。於是，他仗著自己長相英俊，而且有錢有勢，便走上前去向她搭訕。

沒想到，這位女郎卻冷冰冰地對他說：「先生，請你站遠一點，我最討厭被花花公子擋住視線了。」

這個情況讓格林尼亞羞愧不已，產生自卑心理。對很多人來說，或許這只不過是被一個被高傲女孩拒絕而已，但是，對嬌生慣養的格林尼亞來說，卻是一次嚴重的打擊。

經過這次事件之後，他決定離開了家鄉，一個人來到里昂，並且隱姓埋名，整天只待在圖書館和實驗室裡做研究。經過菲利普．巴爾教授的指導，再加上他的努力不懈，終於發明了「格式試劑」，而且發表過的學術論文也有二百多篇。

一九一二年，瑞典皇家科學院更頒予他諾貝爾化學獎。

維克多．格林尼亞反省地說：「因爲從小家境很好，每當自己有任何好成績時，家人都會視爲理所當然，而其他人則認爲那是我的家境好，從來都沒有人會認爲是我自己的努力。漸漸地，我對自己越來越失去信心，不知不覺開始自卑了起來，總是拿著家裡的富裕來滿足自己。直到女孩的那句話，我才發現自己有多麼讓人討厭，甚至連自己也很厭惡自己。後來我仔細地反省，終於了解到，如果能正確地對待心裡的自卑，我一定能靠著自己的力量，獲得別人眞正的肯定。」

相信每個人都曾經有這樣的經驗，不管是青少年時期因爲課業不如別人的自卑，還是對外在環境適應不良所產生的自卑，每個人的內心深處或多或少都有自卑的角落。

只是，在這些自卑情況下，是否讓你習慣了逃避，或是學會了僞裝？不管是哪一種情形，都只會讓你越陷越深，越來越失去自己而已。

與其因自卑而悲觀喪氣，帶來更多的歧視和冷漠，倒不如將它轉變爲動力，從自卑走向自信，這才是積極有力的生命態度。

很多時候，只要懂得轉換念頭，就會讓自己充滿信心，發現許多看似困難的事，其實並不值得煩憂；內心也會因爲這個轉念，變得堅強成熟。

如此一來，你便會從生活和工作中，看到更開闊的前景，找到原以爲絕不可能屬於自己的快樂與成就感。

凡事只要用心就一定會成功

用心生活，用心工作，只要用心在你生活中的每一樣人事物中，
你就會擁有最精采而豐富的人生。

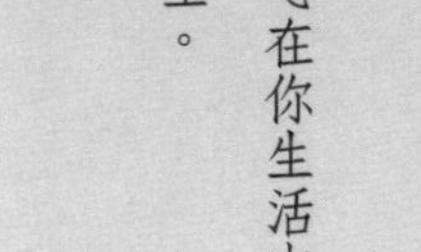

美國心理學家愛彌爾．庫耶曾說：「只要你充滿自信，即使是高聳入雲的群山，你也能將它們移走。相反的，一旦你自己退縮，即使是一小撮土堆，你也會把它看成萬仞高山。」

遭遇挫折時，千萬不要一味選擇逃避或躲開，而要鼓勵自己面對它，試著和它打交道。

在困厄顛沛的困境，還能不屈不撓鍥而不捨，甚至還感謝眼前的困境，才是

眞正令人激賞的人。遭遇不幸、失敗、挫折的時候，唯有懷著感謝的心情，鼓勵自己迎向前去，才能爲自己創造意想不到的奇蹟。

做任何事，就只怕不用心，只要用心去做，就絕對不會失敗。

這是千古不變的道理，也許成功的因素有很多，但是，「用心」無疑是最重要的元素之一。

亨利·必克斯特恩的父親是一位外科醫生，他自己也即將繼承父業。

在愛丁堡求學期間，必克斯特恩就以堅韌、刻苦而出名，對醫學研究的專心與投入，更是許多人所不及的，而且他對醫學方面的忠誠度，也從來沒有動搖過。

回到了家鄉後，他開始積極地投入醫師的工作行列，但不知道爲什麼，時間一久，他開始對這個職業失去了興趣，更對這個偏僻小鎮的封閉與落後產生不滿。

他渴望能進一步地提升自己，開始喜歡上了哲學和思考。很幸運地，他得到了父親的支持，願意讓他到劍橋大學繼續深造，更期許他能在這個世界聞名的大學中，有進一步的成就。

但是，必克斯特恩太過用功，導致身體不堪負荷，健康嚴重出了問題。爲了儘快恢復健康，他接受了一項職務，到洛德奧克斯福德當一位旅行醫生。

在這段時間裡，他開始學習義大利文，也對義大利文學產生了濃厚的興趣，慢慢地，他對醫學的興趣更加淡薄了，幾乎就快要放棄醫學了。

回到劍橋之後，他努力攻讀學位，還獲得當年劍橋大學數學考試的第一名。

畢業後，他無法進入軍界服務，只好轉進律師工作。他以一個剛畢業的學生，進入了內殿法學協會，並且就像以前鑽研任何學問一樣，非常刻苦地鑽研著法律。

在給父親的信中，他這麼寫著：「每一個人都對我說：『以你的毅力，你一定會成功的。』雖然我不知道將來會是什麼樣子，但我知道的是，只要我用心做，就絕對不會失敗。」

二十八歲那年，他被招聘進入了律師界，雖然曾經歷一段相當刻苦的日子，但是後來，他終於成爲一位聲名顯赫的主事官，以藍格德爾貴族的身份，坐在上議院之中。

古羅馬思想家塞內卡曾經提醒我們：「打敗別人並不值得稱道，真正值得稱道的，是那些戰勝自己的人。」

成功與失敗往往只有一線之隔，關鍵在於你是否能戰勝自己的怠惰與負面情緒，在自己選擇的道路上咬緊牙關堅持到底。

那些具有非凡毅力的人，總是能不屈不撓地執著追求，他們不但能贏得成功的喜悅，也會贏得人們的敬重。

這也是一種「態度」，許多成功的人，就是具有這樣用心、認眞的人生態度。他們尊重自己，也尊重別人的生活，不管做任何事，從事什麼樣的工作，或是身處什麼樣的環境之中，他們的態度都一樣，不會有任何偏頗，而這也是成功者的最佳寫照。

用心生活，用心工作，只要用心在你生活中的每一樣人事物中，你就會擁有最精采而豐富的人生。

把別人的噓聲，當成鼓勵的掌聲

不管別人是用什麼的角度批評你，你都要秉持自己的信念勇往直前，讓每一個不客氣的批評成為你更加成功的原動力。

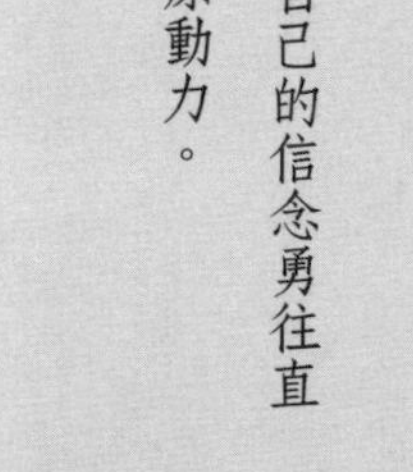

每個人都會遭遇失敗挫折，都有遭人看輕的時候，一味自怨自艾非但於事無補，也會讓你更加讓人瞧不起。與其抱怨爲什麼大家都不看好自己，不如心存感激，把這些輕視自己的人當成另類的貴人，把眼前的挫敗當成激勵自己的難得機會，勇敢接受各式各樣的砥礪。

你曾被外在的批評困擾嗎？請聽聽戴維·克羅克特的這句座右銘：「確定你是對的，然後勇往直前。」

聰明的人會從積極的角度看待批評，包括那些不公正的責罵，他們會把別人的批評，視爲改進自己或激發鬥志的動力。

一九六二年，還未成名的披頭四合唱團，曾向英國威克唱片毛遂自薦，但是卻立刻被拒絕了，公司的負責人說：「我不喜歡這群人的音樂，只是些吉他合奏，太落伍了。」

你聽說過艾倫斯特．馬哈嗎？

他是維也納大學物理學教授，曾經不屑地說：「我不承認愛因斯坦的相對論，正如我不承認原子的存在。」

愛因斯坦對他的批評並不在意，因爲早在他十歲，還在慕尼黑唸小學的時候，任課老師就對他說：「你以後不會有出息。」

美國的國父華盛頓，也曾經被人罵是「僞君子」；《獨立宣言》的撰寫人湯馬斯·傑佛遜也被罵說：「如果他成爲總統，那麼我們將會看見我們的妻子和女兒，成爲合法賣淫的犧牲者，我們會受到更多的羞辱和損害，我們的自尊和德行都將消失殆盡。」

然而，他們非但沒有被批評和辱罵嚇倒，反而保持更樂觀而自信的態度，讓自己對世界、對社會有了更深遠的影響。

換個角度想，受人批評輕視，其實並不是什麼壞事，至少可以提醒我們要努力積極，讓自己擁有進步的動力。

英國國王愛德華八世（即溫莎公爵），年輕時曾經在一所海軍官校讀書。有一天，一位軍官發現十四歲的溫莎王子在哭泣，便上前詢問發生了什麼事情，才發現是溫莎王子原來被軍校的學生踢了一腳。

指揮官把所有的學生召集起來，要他們解釋原因，這些學生推託了半天，才解釋說，因爲等他們成爲皇家海軍的指揮官或艦長時，希望能夠告訴人家，他們曾經踢過國王的屁股。

相對的，許多批評不也正是這種心理作祟之下的產物？

每個人都免不了會遭受批評和指責，特別是有成績、有名望的人，更是容易受到非議。

因此，無論你是被人踢，還是被人惡意的批評，只要記得，他們之所以這麼做，只是想從中得到更多的滿足感而已，這通常也就表示你已有所成就，所以讓人特別注意。

哲學家叔本華說：「庸俗的人，只會在偉大的錯誤和愚昧行為中，才能得到最大的快感。」

很多人在批評比他們成功的人時，都只是爲了得到一種阿Q式的快感，所以越成功的人受到的批評就越多，只有那些什麼都沒做成的人，才能免除別人的批評。

試著把別人的噓聲，當成鼓勵自己的掌聲。不管別人是用什麼角度批評你，你都要秉持自己的信念勇往直前，讓每一個不客氣的批評成爲你更加成功的原動力。

大文豪莎士比亞曾經說過一段話：「假使我們將自己比做泥土，那就真要成為別人踐踏的東西。」

其實，別人認爲你是哪一種人並不是那麼重要，重要的是你是否肯定自己；別人如何中傷你、嘲諷你也不是重點，重點在於你是否在別人打擊之時，就選擇逃避？

選擇逃避或許很容易，但最終只會害你被現實環境淘汰出局。

改掉投機取巧的壞習慣

不要同時間給自己太多事情，把最重要的第一件事先做好，這才是處理事情應有的態度，也才是成功的不二法門。

靜下心想想，每當重要的事情在手上時，你總是想利用其他人事物之便，把工作完成嗎？

結果，是不是都弄得一團糟，甚至把最重要的事都搞砸了？

用心把一件事情完成就好，不想一事無成，就別再想投機取巧。

有一天，農場主人的兩頭牛不見了，急忙吩咐僕人出去尋找。

可是等了半天，都不見僕人回來，主人只好自己跑出去一探究竟，沒想到，卻看到僕人在野地裡跑來跑去。

於是，主人走近問他：「你到底在幹什麼？」

僕人回答：「我剛才發現了兩頭鹿，您知道鹿茸是非常値錢的，所以我們不必去找牛了，把鹿捉到就夠了。」

主人說：「那麼，你捉到鹿了嗎？」

僕人不好意思地說：「沒有，因爲我去追朝東邊跑的那頭鹿時，沒想到牠竟然跑得比我快，不過請您放心，我記得往西邊跑的那頭鹿，牠的腳有點瘸，我現在就去把牠捉回來，相信我一定會捉到的。」

只是，當他再回頭要去追那頭瘸鹿之時，牠早就已經不知去向了。

本來主人只是叫他去把牛隻找回來，怎知他卻放著正事不做，反而跑去捉鹿，捉不著東邊的那個，才回頭去找西邊的那隻。這時，主人不禁感慨說：「像你這樣心有旁騖的僕人，肯定要一輩子一事無成了。」

你會不會像這位僕人一樣，經常被長輩或長官責罵：做事沒有重點，不懂得事情的輕重緩急？

處理事情的方式，其實也是你對自己、對生活態度的一種表現。總是一心二用，或老是漫無目標前進的人，再重要的事情到了他手上，也會變得無關緊要一樣。

這樣的做事態度，不僅不會被重用或信賴，一旦要裁員的時候，第一個被想到的人，自然是你！

把壞習慣改掉吧！一鳥在手勝過兩鳥在林，不要同時間給自己太多事情，而要把最重要的第一件事先做好，這才是處理事情應有的態度，也才是成功的不二法門。

PART 10

找出屬於自己的成功捷徑

你應該確認自己的能力是否已充分地發揮，
如果你能清楚地設定自己的方向，
以及將要實現的目標，
那麼你才能找到屬於自己的成功捷徑。

先相信自己，你才能超越自己

「相信你能，你就一定能。」相信了自己，你就能滿懷信心，輕鬆地解決每一道難題，邁向自己期待的成功。

名劇作家蕭伯納在《聖女貞德》裡說：「有決心，有牢固的雲梯，就可以爬過最堅硬的牆。」

信心就是你向上攀爬的雲梯，只要下定決心、充滿信心，你就能克服任何過去讓你畏懼的困難。

美國著名的推銷員齊格，剛踏入行銷行業時，參加了一個由激勵大師梅里爾指導的培訓課程。

培訓結束後，梅里爾先生將齊格留下，並對他說：「你的能力非常好，是一個很有前途的人才，甚至能成爲全國最優秀的推銷員。我絕對相信，如果你能夠全心全力投入工作，並相信自己的能力，那麼你一定能獲得成功。」

當齊格聽到這番話時，不禁感到受寵若驚。

齊格之所以會這麼驚訝，其實與他的成長過程有絕對的關係，他回憶說：「當我還是個小男孩時，個子不高，運動細胞也不好，即使身上穿了再多的衣服，體重也不會超過一百二十磅。小學五年級的時候，每天放學和星期六，我都必須去打工。而且，我的膽子很小，直到十七歲才敢和女孩子約會，而且還是別人幫我設計的一個盲目約會。一直以來，我只是一個希望回到家鄉小鎮上工作，一年能賺個五千美元就滿足的小人物。」

當然，齊格相信了梅里爾先生的話，開始發憤努力，更把自己視爲不可多得的人才，後來，他眞的就成了一位優勝者。

齊格說：「其實，梅里爾先生並沒有教我們很多推銷技巧，但上過他的課程之後，我在美國一家擁有七千多名推銷員的公司中，銷售成績卻能名列第二位。第二年，我更成爲全州報酬最高的銷售經理之一，也成爲全國最年輕的分區主管。」

齊格遇到梅里爾先生後，人生有了急遽的轉變，這並不是獲得了最新的推銷技巧，也不是他的智商提高了，而是梅里爾先生讓他確信自己有獲得成功的能力，並給了發揮自己能力的信心。

這就是爲什麼鼓勵比責罵來得有效的原因，特別是對那些沒有信心的人。

欠缺信心的人在成長的過程中充滿自卑，認爲自己沒什麼用處，他們的心願就是希望捧著「鐵飯碗」，不要遇上任何變化，一成不變地直到終老。

但這樣眞的就是最好的狀況嗎？

俄國文豪高爾基在《我的大學》一書中寫過一段警句，提醒我們不要盲目地追逐世俗的價值。他這麼說：「我們的生活和福音書已經相差太遠了，生活正走在自己的道路上。」

其實，一個人的成功、幸福，往往來自於對各種不同環境的適應能力，而不是過著毫無變化的生活。人只要願意試著用喜愛的心情面對環境，那麼無論遭遇什麼困境，都會是通往成功、幸福的途徑。

我們不一定要期待別人的鼓勵，因爲自己就可以給自己勉勵，給自己信心。許多勵志大師都是這麼說的：「相信你能，你就一定能。」不管是念力也罷，意志也行，相信了自己，你就能滿懷信心，輕鬆地解決每一道難題，邁向自己期待的成功。

把別人的刺激當作前進的動力

朝向目標前進的時候，千萬不要因他人的嘲笑、諷刺而沮喪放棄，你大可把它當作刺激和前進的動力，毫不動搖地繼續向前邁進。

如果通往成功的電梯故障了，那麼就走樓梯吧！只要還有樓梯或是任何前進的工具，你就能通往想抵達的地方。

成功的快慢並不是那麼重要，重要的是，你是否能不斷地用自己的力量，一步一步地朝目標前進。

電影明星席維斯史特龍還沒成名之前，生活非常落魄困苦。曾經一度，他的身上只有一百塊美金的生活費，想租間房子都租不起，每天只能睡在報廢的汽車中。

他立志要做個傑出的演員，於是信心十足地來到好萊塢的電影公司應徵，但是，卻因爲外貌不夠出衆，以及咬字不夠清楚而遭到拒絕。

在被拒絕了一千多次之後，他仍然不死心，絞盡腦汁寫了一齣叫〈洛基〉的劇本，並拿著這劇本四處推薦。

雖然仍不斷地遭到拒絕，但是他一點也不灰心，最後終於遇到了一位肯欣賞他的老闆，並如願以償地讓他成爲名聞國際的超級巨星。

恆心是成功的基石，當你朝向目標前進的時候，千萬不要因他人的嘲笑、諷刺而沮喪放棄，你大可把這些噓聲當作刺激和前進的動力，毫不動搖地繼續向前邁進。

在人生路途中所遇上的任何麻煩或阻礙，你都要勇敢地面對，因爲只有在解決之後，你才能繼續前進，問題也才不會愈積愈多；而且，當你徹底地解決了一個問題之後，其他的問題也會自動地消失。

只要有耐心，將問題一個一個慢慢解決，不要操之過急，也不要任意放棄，很快地，你就會發現自己的轉變。你會發現自己不但衝勁增強，自信心提高，生活充滿了無限的活力與動力，不僅工作比過去做得更好，生活也比過去更充實愉快。

從一開始就要下定決心

別在乎別人怎麼說，也不要因為他人的批評和外在環境的嚴苛而束縛自己，堅定決心，把生命的熱情釋放出來，決心將會帶領你，一步步邁向你的理想。

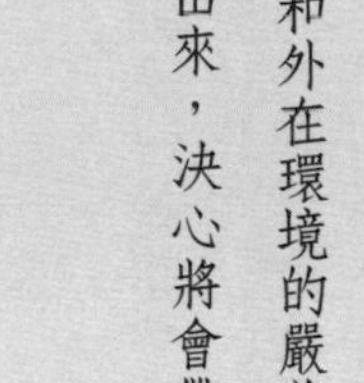

思蒂恩．羅賓遜與湯姆．柯培特合著的《夢想家的字典》裡提醒我們：「如果你想要成功，那麼，就不要盲目追逐潮流，不管做什麼決定，都要先妥善地評估自己，先問問自己想做什麼，又具備哪些能力、條件。」

不要管別人怎麼看待你，也不要管事情看起來有多艱難，只要你確認了自己的人生方向，並且下定決心，那麼就勇敢地將步伐加大吧！

如此一來，再多的批評和惡運，最後都會向你低頭的。

世界第一名女性打擊樂演奏家伊芙琳．格蘭妮說：「從一開始，我就下定了決心，沒有人能阻擋我對打擊樂的熱情。」

格蘭妮生長在英國蘇格蘭東北部的一個農場裡，八歲時開始學習鋼琴，隨著年齡的增長，對音樂的熱情更是與日俱增。不幸的是，這時她的聽力竟然開始退化，經過醫生的診斷之後，發現這是一種難以治癒的神經性損傷，而且依病情的變化，恐怕不到十二歲，她就將完全耳聾了。

但是，這一點也不影響她對音樂的熱情，她所立下的人生目標是成為打擊樂器的演奏家。

雖然當時並沒有所謂的打擊樂手，但為了演奏，她學會用不同的方法來「聆聽」其他人所演奏的音樂，而且當她演奏時，通常只穿著長襪表演，如此一來她就能透過身體和想像，感覺到每個音符的震動，並利用感官和觸覺，來感受整個聲音的世界。

當她決心成爲一名音樂家，向倫敦皇家音樂學院提出申請時，雖然她的特殊病況曾引起某些老師反對，但是她的精湛表演，卻征服了每位老師。

於是，她順利地進入了皇家學院，畢業時更獲得最高榮譽獎的殊榮。

從此，她便致力於成爲第一位專業的打擊演奏家。她費盡心思爲打擊樂獨奏譜曲，也改編了很多樂章，讓許多熱愛打擊樂器的音樂人，有了屬於自己的樂譜。

她沒有因爲醫師的診斷而放棄自己的夢想，她不斷地堅持，努力不懈，終於用熱情和信心征服了命運和所有的樂迷。

不論在生活中或是工作中，我們都承受著來自各方面的壓力，也無可避免地會遭遇各式各樣的批評。

遇到批評，我們應該抱持正面態度心存感激，把善意的批評當成勉勵，把惡意的批評當成砥礪，不必爲此患得患失。

據說，羅斯福總統曾經向一位睿智的長者請教，面對別人惡意的批評時，該如何應付才好？

這位長者語重心長回答說：「不要管別人怎麼說，只要你在心裡知道自己是對的就行了。」

這段話告我們，別在乎別人怎麼說，也不要因爲他人的批評和外在環境的嚴苛而束縛自己。只要你知道自己是對的，就該堅定決心，把生命的熱情釋放出來，決心將會帶領你，一步步邁向你的理想。

作家布萊恩曾經寫道：「無論你的人生是黑白的，還是彩色的，只要是由自己決定的人生，就是精采的人生。」

信心是能否扭轉眼前局勢的關鍵因素，一個人擁有多少自信，就能創造多少奇蹟。遇到人生的各種逆境，如果連你都不相信自己沒有問題，當然就無法掌握有利的契機。

相對的，只要對自己充滿了自信，很多事情就會發生改變。透過自己或別人的種種經歷，我們更能看清生命的運行軌跡就是這樣奇妙。

多聽聽自己的批評聲音

多聽聽自己給自己的批評和反省，只要一發現錯誤，就要立即調整步伐，而不是老是困在別人的侷限裡不知所措。

人生最大的困擾就是活在別人的陰影之下，失去了自我。

你多久沒照著自己的想法生活了？夢想被拋得多遠了呢？

留點時間給自己，聽聽自己眞正的想法吧！你可以愉快地生活，只要你願意傾聽自己的聲音。

艾倫．瓊斯是一家電視公司的主管，率先提出創立空中大學的想法，以培育電視相關的專業人才，但當時並沒有得到大家的支持。

艾倫．瓊斯回憶說：「許多銀行家和投資人，都認爲這個行業並不可行，但我堅信這個創意，當然，後來的發展證明了我的信念是對的。」

他的例子說明了，勇於堅持自己的理念，試著與別人溝通，並且嘗試克服各種困難，最後才有可能成功。

如果上級否定了你的計劃，或者堅持要你按照他的想法行事時，激動的反抗不只不夠成熟，而且往往也於事無補。這時，應該靜下心來檢討自己的計劃是否有不足之處。

當你追求夢想，希望得到別人幫助的時候，往往也會聽到一些批評的聲音。

其實，能聽到一些批評也不錯，畢竟其中仍有許多人的初衷是希望能保護你，讓你遠離一些不夠踏實的幻想，所以批評也是一種助力，能避免你的莽撞和躁進。

不過，當別人批評著「不夠資格、這個想法不會成功、這種產品沒有市場、他太年輕」時，千萬不要被嚇倒了。

你可以對這些消極、負面的話語充耳不聞，更要學會辨別什麼是惡意批評，什麼才是眞正的建議，如此一來，你才能眞正地實現你的夢想。

塞萬提斯在《唐吉訶德》裡提醒我們：「低估自己是懦弱，高估自己是魯莽，真正的勇敢來自於正確地評估自己。」

對自己充滿信心，相信自己有能力解決難題，用積極的態度把潛在的能力發揮出來，就一定達成夢想。

理想能否實現，眞正能影響你的人只有自己。

別人有別人的想法，任何消極的批評，也都只是他們的想法，不應該把它成爲你的束縛。

多聽聽自己給自己的批評和反省，只要一發現錯誤，就要立即調整步伐，而不是老是困在別人的侷限裡不知所措。

設定自己的成功標準

你可以嘗試別人的方法，但是在嘗試之後，仍得找到自己的路。
因為，別人的成功方法不一定適用於你。

在這個世界上，每個人都是獨一無二的個體，在生命過程中不可能會有人與你一模一樣。

所以，你應該要有自己的成功標準，更要有自己的生活標準和價值觀念，因爲再多的盲從與模仿，都不會成爲你的！

至於別人怎麼看待你的言行舉止，如何解讀你的價值，那是他們的事，就讓他們去傷腦筋吧！

麥克斯．威爾醫師曾經描述過這樣的一次經歷。

在羅斯福執政期間，他曾經爲總統夫人的一位朋友負責一個手術。

事後，羅斯福夫人邀請他到白宮去，他在那裡過了一夜，據說隔壁就是林肯總統曾經睡過的房間，他實在感到非常榮幸。

那天晚上，他完全睡不著，因而用白宮的文具和紙張，寫信給母親、朋友……等等。

「麥克斯，」他在心裡對自己說：「你眞的來到白宮了。」

第二天一早起來，他下樓用早餐，總統夫人已經等在那裡了。他吃著盤中的炒蛋，接著僕人又送來了一托盤的鮭魚，問題出現了，他什麼都吃，就是從不吃鮭魚，因此畏懼地對著那些鮭魚發呆。

羅斯福夫人向麥克斯微笑，指著總統先生說：「他很喜歡吃鮭魚。」

麥克斯考慮了一下，心想：「我是什麼人？怎麼能怕鮭魚？總統都覺得好吃了，我就不能覺得很好吃嗎？」

於是，他切著鮭魚，並混著炒蛋一起吃下去，結果，他從下午開始就渾身不舒服，一直到晚上仍然非常想嘔吐。

後來，麥克斯一直思索，這件事有什麼意義呢？

他在自己的著作《心靈的慧劍》寫出自己的感想：「很簡單，其實我一點也不想吃鮭魚，而且根本也不必吃，但是，我卻爲了附和總統，而背叛了自己。雖然這是件小事，很快就過去了，可是換個角度想，這不正是許多人爲了成功，最常碰到的陷阱之一嗎？」

有位作家曾說：「人總是為了增進人際關係而強顏歡笑去演自己不喜歡的角色，長久演戲的結果，把自己都給忘了。」

勉強自己去演不喜歡或不適合的角色，只會迷失自我，即使絕佳的機會出現眼前，也會被自己弄得一團糟。

你認爲別人的成功模式，就一定適用於你嗎？

走在別人留下的成功痕跡上，你也只是跟著別人走一趟而已，別忘了，在這條相同的路上，已經有人先到達了終點，而你只不過是再加深成功者走過的路痕罷了。

你當然可以嘗試別人的方法，但是在嘗試之後，仍得找到自己的路，不要一味地抄襲模仿。

因爲，別人的成功方法不一定適用於你，唯有找到了屬於自己的價值標準，你的成功才會長久，也才會是你眞正的成功。

找出屬於自己的成功捷徑

你應該確認自己的能力是否已充分地發揮，如果你能清楚地設定自己的方向，以及將要實現的目標，那麼你才能找到屬於自己的成功捷徑。

只有成功的人才知道，不論成功或失敗，一切都取決於自己。

他們更明白，取得成功的要素不在於外在物質條件，而是自身實現目標的信心，和獨一無二的自我肯定。

科學家們發現，沒有一個人的指紋、聲音和DNA會重複，所以，每個人都是獨一無二的生命個體。

雖然大家都知道這個眞理和事實，但我們還是習慣跟別人相比，比較別人的薪資是不是比自己高，比較別人的工作是不是比自己輕鬆，比較別人的日子是不是過得比自己好。

甚至，在報紙上看到某些人非凡的成就時，便會充滿嫉妒、羨慕，自我安慰地告訴自己：「只要等到他這個年紀，我就能和他一樣了。」

其實，這些比較一點意義也沒有，因爲你不知道他們在成功之前，曾經付出過多少心力，說不定他們能有今天的成就，付出的代價是超出你我想像的，畢竟成功的背後，都有著許多不爲人知的汗水和努力。

每個人都有屬於自己的才能，而且絕對是獨一無二的。不管是耐力、幽默感、善解人意或交際天分……等，都是可以幫助我們取得成功的有利工具。如果你忽略了這些才能，不肯好好發揮自己的潛力，不斷拿自己和別人比較，那麼只會讓你對自我及自信心產生負面的影響而已。

你應該確認自己的能力是否已充分地發揮，如果你能清楚地設定自己的方向，以及將要實現的目標，那麼你才能找到屬於自己的成功捷徑。

英國作家斯威夫特曾說：「最不願正視自己的人，才是最嚴重的盲人。」

確實如此，人生最困難的事，莫過於勇敢面對自己，認識自己，進而肯定自己，發掘本身究竟擁有多少潛力。

我們不必和別人比較後才來肯定自己，每個人都有不同的天分和潛力，透過難題的解決，你就能慢慢地發現自己的實力。

我們不要被眼前的事物、假象迷惑，也不要再被工作、房子、車子或任何外物限定了，我們不是這些東西的附屬品，更不會因爲身上的裝飾或名牌而變得特別有價值，只要認定自己的獨特之處，你就不必再給自己貼上任何標籤了。

給自己一個肯定的掌聲

工作是你的，生活更是你的，如果因為別人的一句無心之言，讓你的生活充滿自卑和退縮，這樣值得嗎？

非得等到別人點頭和肯定，你才能確定自己的能力嗎？

如果是話，那麼你肯定沒有盡力。

只要盡了力，不管別人怎麼看，你都應該給自己鼓勵，那樣任何事在你手中，才會有更多的活力與創意！

賈許拿了一份報告進來，想請主管審核，主管看了一會兒後，點點頭說道：「嗯，寫得還不錯。」

又過了一會兒，主管卻突然搖了搖頭，賈許見狀，趕緊說：「可能……可能還有一些疏忽吧。」

只見主管再次又搖了頭，什麼話也沒說，賈許開始有點心虛，說道：「其實，問題也不算大吧？」

主管繼續搖了搖頭，賈許小聲地說：「我想……也許是主題寫得不夠好，陳述也不夠清楚。」

但是，這位主管仍然不說話，只是又搖了搖頭，於是賈許只好尷尬地說：「把這些問題修改後，應該就會更好了。」

主管還是什麼話也不說，這時，賈許聲音更小了，低下頭說：「我會重新寫份報告過來。」

終於，這位主管開口了：「唉，這件新襯衫的領子眞不舒服。」

沒有人不想得到認同和讚美，但是有時候這些讚許和支持，不一定要等著別人給予，當你太在乎別人的感受之時，反而只會在精神上逼死自己，一點好處也沒有。

工作是你的，生活更是你的，如果因爲別人的一句無心之言，讓你的生活充滿自卑和退縮，這樣值得嗎？

一旦把別人的贊同與否，認定是生活的必需，那麼，你就別奢望能有創新或開創性的未來。

如果每件事都必須等到別人的贊同，才能心安理得地進行下一步，或者非要得到別人的誇獎，你才肯繼續前進，那麼，你必然受到束縛，你的成功勢必永遠比別人慢一步。

不能明確說出自己的想法與感覺，只會迎合他人所好，放棄自己的價值觀念，盲目地跟著別人的思想前進，那麼生活對你而言，不只會過得比別人辛苦，更會因有志難伸而抱怨連連。

每個人的背景不同，當然也會有各種不同的想法，我們當然不必要爲反對而反對，但忠於自己的想法，才是對自己負責的態度。

除了讚美之外，你也可能會聽到許多的反對意見，但不必太在意，這些都可以成爲前進的動力，能夠把別人的批評加以消化、吸收，那麼前進的步伐才會更愉快而穩健。

想要贏別人，先贏過你自己

You must win yourself frist

戰勝自己的弱點，就是成功的關鍵

法國思想家拉羅什富科曾說：「想要戰勝別人，首先必須贏過自己，因爲最可怕的敵人，就藏在自己的心中！」
人生之所以精采非凡，就在於不斷挑戰自己，不斷超越自己。
對大多數人來說，人生最艱難的事情，莫過於誠實面對自己的缺點、弱點，只要願意誠實地檢視自己，鼓起勇氣戰勝自己，就能迎來更多成功的契機。

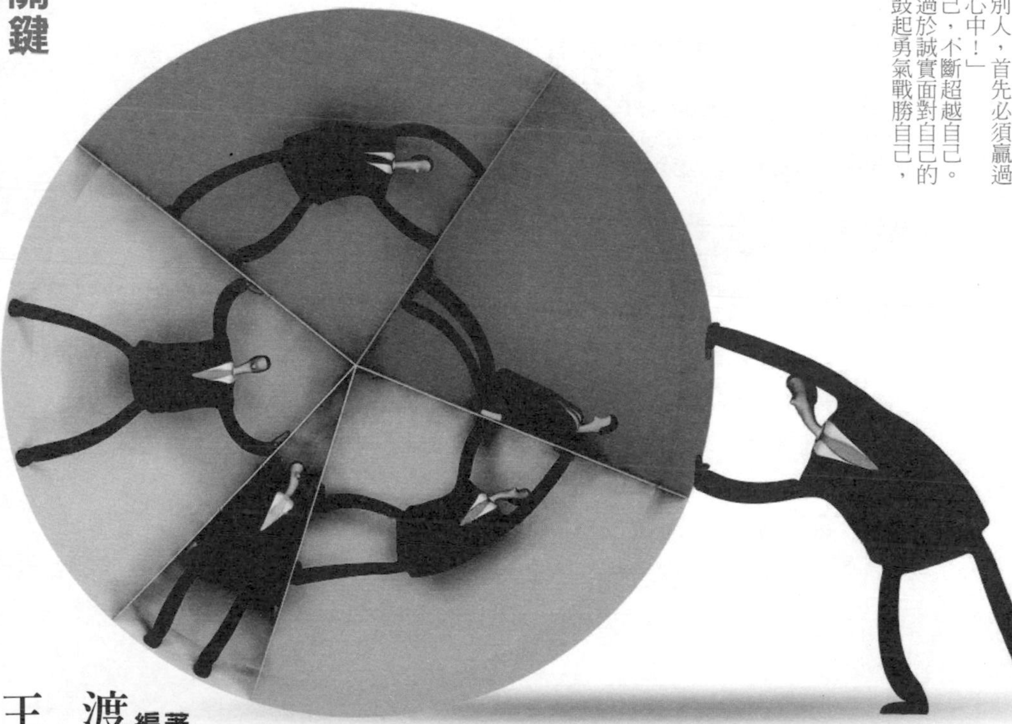

王 渡 編著

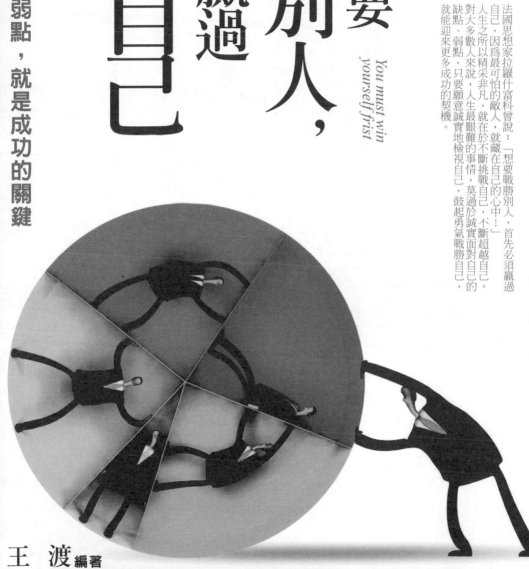

生活良品
57

自信的人，通常比較幸運

作　　者　連城紀彥
社　　長　陳維都
藝術總監　黃聖文
編輯總監　王郡凌
出 版 者　普天出版家族有限公司
新北市汐止區忠二街 6 巷 15 號
TEL / (02) 26435033 (代表號)
FAX / (02) 26486465
E-mail：asia.books@msa.hinet.net
http://www.popu.com.tw/
郵政劃撥 19091443 陳維都帳戶
總 經 銷　旭昇圖書有限公司
新北市中和區中山路二段 352 號 2F
TEL / (02) 22451480 (代表號)
FAX / (02) 22451479
E-mail：s1686688@ms31.hinet.net
法律顧問　西華律師事務所・黃憲男律師
電腦排版　巨新電腦排版有限公司
印製裝訂　久裕印刷事業有限公司
出 版 日　2022 (民 111) 年 9 月第 1 版
I S B N⊙978-986-389-840-5　　條碼 9789863898405

國家圖書館出版品預行編目資料

自信的人，通常比較幸運／
連城紀彥著.一第 1 版.一：新北市,普天出版
民 111.9 面；公分. - (生活良品；57)
I S B N⊙978-986-389-840-5 (平裝)

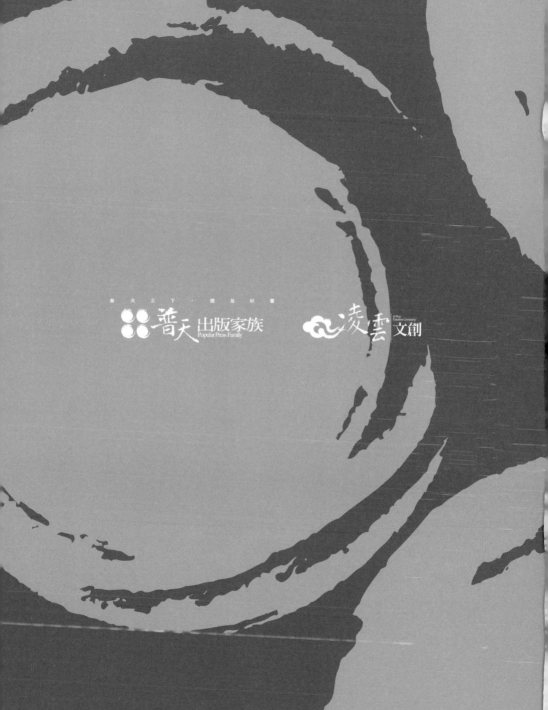